撷英拾萃

XIEYING SHICUI

周皓英 ⊙ 著

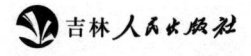

吉林人民出版社

图书在版编目（CIP）数据

撷英拾萃 / 周皓英著. -- 长春：吉林人民出版社，2025.1. -- ISBN 978-7-206-21801-9

Ⅰ.G632.0

中国国家版本馆 CIP 数据核字第 2025B1B613 号

撷英拾萃

XIEYING SHICUI

著　　者：周皓英	
责任编辑：孙　一	装帧设计：书香力扬
出版发行：吉林人民出版社（长春市人民大街 7548 号　邮政编码：130022）	
印　　刷：四川科德彩色数码科技有限公司	
开　　本：880mm×1230mm　1/32	
印　　张：7.75	字　　数：174 千字
标准书号：ISBN 978-7-206-21801-9	
版　　次：2025 年 1 月第 1 版	印　　次：2025 年 1 月第 1 次印刷
定　　价：58.00 元	

如发现印装质量问题，影响阅读，请与出版社联系调换

筑梦前行著华章

陈荣华

近几年，在我的手机通讯录里雨后春笋般涌现出很多陌生的面孔。"几度夕阳红，能不越老越红？"朋友戏谑。想想也是。

退休前，从没这么热闹过，退休了，居然呼啦啦来了一大群"文朋诗友"，要与我探讨教育教学，当真是越老越红。

周皓英老师的到来，又一次印证了这句老话。我说过一句话："有名师的学校才叫名校，名校培养名师，名师成就名校……"周老师特别认真，牢牢记住了这句话。

一

周老师是宜章县第八中学的英语高级老师，先前在迎春、杨梅山、梅田学校、宜章二中工作多年，我多次去过她工作的学校，也有朋友向我推荐她，让我多关注这位"不一般"的女教师，次次都擦肩而过。她到底如何不一般，待见面才豁然开朗。她捧出一大沓书稿，邀请我和她一起"撷英拾萃"。

周老师的梦是与时俱进的。小学启蒙时，瞅着讲台上认真负责的彭老师，那一颦一笑，顿生崇拜之情："长大后，我也要当一名乡村教师……"后来,周老师以优异的成绩考上了师范,师范毕业后果然成了一名乡村教师。初为人师的她,英姿飒爽,雄心勃勃,发誓要在乡村这块土地上有所作为,成为响当当的经师、人师、名师,实现自己成为伟大教育者的梦想。这是我拜读了她的几份个人述职之后,才了解了她的成长之路。个人述职中,中学二级的,中学一级的,中学高级的,像爬楼梯,越爬越高。这令我想起了埃及的金字塔,而她正向着塔尖攀登,这专著,不正是她向上一级攀登的铺垫吗?

整整半个月,我扎进了周老师的梦境,赏识她的获奖论文,痴迷她的课堂教学,沉醉她的教研成果,剖析她的班级管理,聆听她的教艺热谈,是那样兴奋,那样开心,那样……

二

在上课前开展"热身活动",这是周皓英老师的锦囊妙计,"大家跟我动起来!"真的动起来了,全教室的师生"大汗淋漓",浑身透出爽。热身一回之后,我才真正了解她课堂"热身"的妙处。

"要《抓住学生的特点,对症下药》哟!"这是多少个不眠之夜熬出来的感叹。在"获奖论文篇"里,这样醒目的篇章还有很多,《培养学生说英语的良好习惯》《初中英语跨学科学习环境的创设与优化探究》《英语教学中课堂提问的范例与反思》……自成一体,有见地,有高度,是不可多得的立论观点,我不禁拍案叫绝。

三十余年来,周老师一直在活动中学习,在活动中提高,在活动中发展。"我从来没有放弃过参赛的活动。""从来没有放弃过"就是周皓英老师对待活动的态度,三十年如一日。扪心自问,这一点我就没有做到,说不佩服她,那是假话。由此,我有些迫不及待了,也想来一回"推门听课",扎进她的课堂教学。

三

周老师起步于公开课,复习于研讨课,成长于样板课,提升于示范课。"这些都是逼出来的。"她半是认真,半是开玩笑。

"最难熬的是陪周老师磨课。"一位与周老师共事的黄姓老师喟叹道。的确,担任新进教师素养大赛初中英语组评委的周老师,对于公开课、样板课、示范课的精益求精,苛刻到了"鸡蛋里挑骨头"的地步。与她师徒结对的那位曹姓老师,眼泪浅,一堂参赛课,哭了七八回鼻子哩。有委屈,有不解,有喜悦。"每磨一回课,我都好像长大了好多!"是真言,更是箴言。

"我自己从来没有懒过。"20世纪70年代出生的老师,不能懒,不敢懒,也不会懒。他们守着简陋的学校,一块钢板,几张蜡纸,一只点水笔,伴着孤灯,每每熬到半夜三更,那份执着,那腔热血,那路奉献,简直可以感天动地,而周老师尤甚。"那是一位玩命的女汉子!"一位与我共事一年的彭姓校长这样评价她,真是一语中的。

四

敢于玩命的"女汉子",教研成果可谓丰矣。周皓英老师是研教材、研学生、研学校、研教育的人，完全可以说，三十年间，那个"研"字，在她的内心深深地扎下了根。

农村学校因其条件差，师资紧缺，基础落后，普遍存在学生大面积厌学的状况。怎么办？怎么办？刚出道那会儿，不知所措的她，急掉了好多青丝。"你的头发怎么大把大把地掉！"母亲心疼女儿，含泪把她拉到怀里。

"摔倒了，爬起来！"严父的话一直在敲她的耳鼓。打记事起，她从没忘记过父亲的严厉。小时候不知道摔倒过多少回，父亲从没有扶过拉过一把，那用意，原来如此！老父亲是几十年的老校长、乡村教师，山村里的点灯人，是她敬重且崇拜的人。

于是摸着石头过河中，终于悟出了门道，于是有了《抓好英语教学机制》《走出英语学习误区，提高学生阅读能力》。

"英语好难学哟！"记得初为人师时，多少稚嫩的脸围着她转，乡下学校压根就没在小学开设英语，没老师上课呀。到了初中才起步，可初一教材却不是那么好教的。不知如何是好的学生"八仙过海，各显神通"，方法五花八门，不一而足，有管用的，有越弄越糟糕的。大面积存在的情况是标注汉字引领阅读，非但不准确，反而以讹传讹，离正确的轨道越来越远，不知辗转反侧了多少个夜晚，才有了《初一学生英语成绩下滑分析及对策初探》《英语学习方法五忌》的闪亮登场，这赢得了许多的点赞，学生的英语成绩如芝麻开花，节节高。

《英语教学中的精讲多练》《提高英语听力之研究》《对话教学与初级英语教学初探》一直是周老师英语教研的主攻目标，她边教边反思，边教边沉淀，边教边积累，不断探索，不断求真，不断筛选，不断升华，终于有了一二三的经典之作。学生们的欢呼雀跃，家长们的交口称赞，得到了学校行政的一致好评。

"与其说周皓英是英语教师，不如说她是写作老师。"同一个教研组的曹老师溜了这么一句。终于证实曹老师的所说不虚，是在周老师家里。我拜读了她三十余年的习作，几十本呢。用我们的行话说，那是"下水作文"。周老师有一个习惯，无论大作文，还是小作文，学生在台下写，她在台上练，一起创作同题文章。要是没有这些年的练笔，哪能一出手就有批量的个性文章，更不要企望有这卷《撷英拾萃》了。

五

"我刚和周妈妈通了话。"屋外传出弟子的声音，似雷鸣，打断了我的思路。

我的弟子姓姚，中巴车上捡的，她母亲数落一路，其缺点比甲乙丙丁还要多，我与她咬了几回耳朵，便留在了身边，教了她14个下午的读书与写作，那年她读小学四年级，进入八中后，一直在年级前三十名。

"我们周妈妈"是周皓英老师所教学生对她的别样称呼，是那样动听，是那样亲切，也是那样令人眼馋。

"周皓英老师是接班专业户。"一位姓李的政教主任这样评价周皓英老师。种植专业户、养殖专业户我见过很多，也做过很多专题采访，却从没接触过"接班专业户"。周老师让我大开了眼界。别的老师带不下去的班级，只要学校分管领导找到她，她二话不说就接了过来。有一回，还是主动请缨，她也是那个班的任课老师。"一切为了崽崽们！"她如是说。

"你们不晓得，接班专业户，堪称最大的'富婆'！"有一次，周老师这样插科打诨。不仅我不明白，她的许多同事也云里雾里，不知其所以然，在《撷英拾萃》的"冰山一角"，我终于领略了她的内心大世界。《我的孩子我的班》，这是怎样的情怀呀！难怪满教室都是"周妈妈"昵称，那不是喊出来的，是学生们发自内心的，更是周老师日复一日凝聚出来的。在周老师心里，于班级，她苦心经营的是《班级管理中的主体性教育》；于学生，她总是给予学生《最重要的是尊重》。她反复强调《教育应重在表扬》，要《让学生在微笑中接受批评》，她不止一回在校内外的"校本讲坛"传授《农村中学减少学困生的三个突破口》之经验，迭起的高潮赢来阵阵雷鸣般的掌声。难怪她那么热衷于《小议我的班主任工作》，尝到了最大的甜头，恨不能一夜之间孵化出一群群和她一样的新时代的优秀班主任，这是多么博大的教育情怀哟。而《中途接班给我的启示》，不仅启示她许多年，还成了教师培训的传统教材，这接班专业户她当得名副其实。夸她是"富婆"一点也不为过，这种"富"才是我们时代需要的主流，难怪主流媒体也不吝版面，大力宣扬……

还没搁笔，约稿又上门了，朱编辑请我救急，说"教艺热谈"的读者非常赏识我的睿智、我的文采，"指导青年教师要不遗余力"哩。我回复朱编辑，我手头恰好有一篇周老师的文章，有思想，有智慧，有高度，有个性，现场感十分逼真，语言非常精辟，说论特别透彻，更容易引起读者的共鸣，有诗为证：

撷英拾萃润心田，睿智三千缀眼帘。

休笑教坛多故事，园丁梦里比谁甜。

是为序。

目 录
CONTENTS

获奖论文篇

初中英语跨学科学习环境的创设与优化探究 …………… 002
"热身活动"深入课堂 …………………………………… 011
培养学生说英语的良好习惯 ……………………………… 014
浅谈如何有效地教学新目标英语
　　——基于初中大单元教学理念 ………………………… 021
浅谈九年级英语总复习
　　——抓基础、突专项、勤练习、找方法 ……………… 030
深度学习视角下的初中英语跨学科课程建设 …………… 035
听说课中的新知呈现 ……………………………………… 040
我的阅读教学
　　——词汇是开启阅读的钥匙 …………………………… 043
我实践中的新目标 ………………………………………… 045
英语教学中课堂提问的范例与反思 ……………………… 051
抓住学生的特点，对症下药 ……………………………… 057

课堂教学篇

"名词所有格"教学设计 ········· 062
教学设计
　　——Unit 2 Is this your pencil? Section A ········· 068
如何上好一节英语微型课 ········· 072

教研成果篇

英语学习方法五忌 ········· 080
初一学生英语成绩下滑分析及对策初探 ········· 083
英语教学中的精讲多练 ········· 086
抓好英语教学机制 ········· 089
走出英语阅读误区，提高学生阅读能力 ········· 093
提高英语听力之研究 ········· 096
对话教学与初级英语教学初探 ········· 100
怎样有效地培养学生的英语语感 ········· 104
培养良好的学习习惯，提高课堂学习效率 ········· 109
谈"低起点、多层次、高要求"三步教学法 ········· 113

班级管理篇

中途接班给我的启示 ········· 118
迎春中学全校学习委员经验交流会 ········· 121
小议我的班主任工作 ········· 130
我在英语教学中是这样转化学困生的 ········· 134

让学生在微笑中接受批评	138
转化多动症，助推学生健康成长	145
班级管理中的主体性教育	152
教育应重在表扬	157
农村中学减少学困生的三个突破口	159
最重要的是尊重	162
浅谈现代班级管理	166
我的孩子我的班	169
"凝聚集体力量，共筑班级荣光"主题班会	173

教艺热谈篇

"教师数字素养，赋能集体备课"培训心得	180
人无完人 金无足赤 有则改之 无则加勉	182
师德师风学习心得体会	186
初中英语写作复习——兴趣与爱好	
——点评廖慧婷"送教下乡"的课	191
指导青年教师不遗余力：全方位助力青年教师成长	194
要学好英语必须重视课文学习	203
在英语教学中渗透心理教育	207
不妨上一点技巧	210
如何通过团队活动进行德育教育	213
浅谈教学新目标英语的体会	218
一位语文老师的教学工作总结	222

| 后 记 | 228 |

NO.1
获奖论文篇

初中英语跨学科学习环境的创设与优化探究

在当前的教育体系中，初中生的英语学习往往被划分为独立的学科领域，这种划分限制了学生综合运用知识的能力，也影响了他们对复杂现实问题的理解和解决能力。教育部发布的《义务教育课程方案（2022年版）》中提出：各门课程原则上至少要用10%的课时设计跨学科主题学习。这体现了新课标鲜明的导向性——跨学科学习。根据2023年新教育标准，新的课程计划将致力于提高学生的综合素质。跨学科学习能解决分科教育对知识的割裂问题，还能有效地提高学生的综合素质。如何创设与优化跨学科学习环境，是我们亟待解决的问题。

一、国内外相关研究的学术史梳理

（一）国内相关研究的学术史梳理

在中国的教育研究领域，跨学科学习环境的创设与优化逐渐成为一个热点议题。近年来，众多学者对跨学科教育模式进行了深入探讨，试图寻找适合国内教育体系的创新路径。

根据万昆（2023）的研究报告显示，虽然大部分教育工作者认同跨学科教学的价值，但在实际操作中，教师们普遍面临知识整合的难题。李法瑞（2020）提出，如何将不同学科的知识有效融合，以及如何设计符合学生认知水平的跨学科课程，是目前国内研究中频繁讨论的问题。

成澳缘（2023）的调研数据指出，学生对跨学科学习的接受程度参差不齐。一方面，学生对于新型教学方式表现出较高的兴趣；另一方面，由于习惯了传统的学科分割教学模式，他们在跨学科学习过程中往往感到困惑并面临挑战。

此外，从资源配置的角度来看，现有的教育资源和评估体系未必支持跨学科学习的发展。张慧（2022）的一篇论文分析了多所学校在实施跨学科教学时的资源分配问题，发现教材、教学设施以及教师培训等方面仍有待加强和改进。

总体来说，尽管国内关于跨学科学习环境的研究取得了一定的进展，但仍存在不少挑战和需要解决的问题。未来的研究需要在理论和实践层面进一步深入，特别是在教育政策、教学方法、资源分配等方面进行更为细致和全面的探讨和改进。

（二）国外相关研究的学术史梳理

在国际教育界，跨学科学习环境的创设和优化已成为一个日益受到重视的领域。美国、欧洲以及其他一些国家和地区的教育研究者通过实证研究和理论探讨，为这一领域的发展作出了显著贡献。

Bird M T（2021）的一项研究表明，跨学科教学法能有效提高学生的批判性思维能力和创新能力。此外，Grover R（2021）的研究也指出，通过跨学科项目，学生可以更好地理解复杂的社会和科学问题，培养解决问题的综合能力。

在欧洲，跨学科学习同样受到重视。例如，根据 Zhang X

（2020）的报道，一些北欧国家已将跨学科学习方法纳入其国家教育标准和课程中，强调学生知识整合和应用的重要性。在实践中，这些国家通过校际合作、师资培训等方式推动跨学科教学的实施。

然而，国外研究也揭示了跨学科学习环境面临的挑战。Esben M S P（2023）的文章指出，虽然跨学科学习被证明在理论上有效，但在实际操作中，教师如何有效整合不同学科的内容，以及如何评估学生的跨学科学习成效，仍是亟须解决的问题。

综上所述，国外在跨学科学习环境的研究中取得了重要进展，但实际应用中的挑战和问题仍然存在。这些研究成果和经验对于中国在跨学科学习领域的发展具有重要的借鉴意义。未来的研究可以在借鉴国外经验的基础上，探索适合中国教育环境的跨学科学习模式。

二、研究的独到学术价值和应用价值

（一）学术价值

1. 实用性强化：着眼于日常教学实践，强调如何在现有教育体系中实现跨学科学习的有效融合。其研究成果直接指导教师如何在课堂上创新教学，使理论与实际紧密结合。

2. 提升学生实际能力：研究跨学科学习不仅是为了跟上教育潮流，更是为了培养学生解决实际问题的能力。通过跨学科学习，学生能更好地理解现实世界的复杂性，为未来的学习打下坚实基础。

3. 响应教育改革需求：当前教育改革强调学生全面发展。本次的研究成果有助于推动教育从传统的知识灌输转向注重能力的培养，为教育改革提供切实可行的策略和方案。

（二）应用价值

1. 直接改善课堂教学：直接运用到初中的日常教学中，帮助教师设计更具吸引力的、多元化的教学活动。这样不仅能激发学生的学习兴趣，还能加深他们对课程内容的理解。

2. 增强学生解决实际问题的能力：通过跨学科学习，学生能更有效地应用所学知识，比如将英语、数学和语文等知识综合运用，来解决日常生活中的问题，培养他们的实际应用能力和创新思维。

3. 促进学生个性化发展：可以帮助教师更好地了解每个学生的特点和需求，从而提供更个性化的教育支持，让每个学生根据自己的兴趣和特长进行发展，而不是遵循单一化、标准化的教学模式。

三、跨学科的概念界定与思路

（一）概念界定

1. 基本概念

（1）跨学科学习环境：指的是一个教育设置，其中学生和教师跨越传统学科界限，融合多个学科的知识和技能。这种环境鼓励学生通过整合不同学科的观点和方法来理解复杂问题，促进创新思维和批判性思考。

（2）创设与优化：涉及设计和实施跨学科学习环境的策略和方法。创设是指建立这样的学习环境，而优化则是指通过评估和调整来提高其效果和效率，确保教育目标的实现。

（3）初中教育背景：初中阶段，是学生承上启下、学习基础知识和技能、形成关键认知和社会技能的重要时期。在这一背景下，跨学科的实施尤为关键，可以让学生有综合运用知识的能力。

2. 总体框架

（1）实际课堂应用与案例分析：聚焦于实际的课堂应用，包括如何在初中的日常教学中融入跨学科的元素。通过分析具体的教学案例，例如在英语课中结合数学的概念，或者在英语课中探讨历史和政治问题，来展示跨学科学习在实际教学中的应用。这涉及课程内容的整合，还包括教学方法的创新，比如项目式学习、小组合作等。

（2）跨学科课程设计与评估：深入研究如何设计有效的跨学科课程，以及如何评估这些课程对学生学习成效的影响。包括课程目标的设定、教学资源的利用、学习活动的组织，以及对学生学习成果的量化和质化评估。这部分也将探讨如何根据学生的反馈和学习成果调整教学策略，以提高教学的有效性。

（3）学生参与度与学习动机：探讨如何提高学生在跨学科学习环境中的参与度和学习动机。研究学生对跨学科学习的态度和反应，探讨如何通过实践活动、互动游戏和创新项目激发学生的兴趣和好奇心。还将探讨如何通过学生反馈和评估来调整教学方法，让学生更好地适应跨学科学习环境。

3. 重点与难点

（1）课堂内多学科知识的融合：重点是如何在日常英语教学中融合不同学科的知识。例如，在英语课中引入数学问题，或者在英语课上讨论一个历史事件。设计这样的课程内容，既能提高学生兴趣，又能使知识点准确和有深度，适应学生的认知水平。

（2）学生参与和反馈机制：探索如何通过跨学科学习，激发学生的学习兴趣并让他们积极参与。难点在于如何确保每个学生都能在这种学习模式中找到适合自己的位置。

（3）学习环境与资源的优化：研究如何优化学习环境和使用教学资源以支持跨学科学习。这包括课堂布局的调整、多媒体和互联网资源的有效运用等，需考虑如何在有限的资源条件下创设一个丰富多彩且支持跨学科学习的环境。

4. 主要目标

（1）构建跨学科教学模式：首要目标是设计一套切合初中英语教学实际且易于实施的跨学科教学模式。例如，设计课堂活动方案，通过项目式学习让学生在英语、地理和语文之间建立联系，增强他们解决实际问题的能力。目的是让教师能够轻松采用这些模式，并在课堂上实现有效教学。

（2）促进学生综合思维能力的发展：另一个主要目标是通过跨学科学习活动促进学生的综合思维能力，特别是解决问题、创新思维和批判性思考的能力。这意味着要设计能够吸引学生参与、激发他们思考的教学活动，如提供实际生活中的案例让学生运用跨学科知识进行分析和讨论。

（3）改善学习环境以支持跨学科教学：最后的目标是优化学校的学习环境，以支持跨学科教学的有效实施。包括改进课堂布局，使其更适合小组合作和讨论；或利用现代化的教学工具和资源，如互联网、多媒体等，来丰富教学内容和形式。这个目标在于创设一个既能激发学生兴趣，又有助于他们跨学科学习的环境。

（二）思路方法

1. 基本思路

（1）从教学实践出发：基本思路是从现有的教学实践出发，

分析和评估当前教育体系中跨学科学习的现状。这包括了解初中英语现行课程的结构、教学方法和学生的学习反馈。目的是找出可以整合和改进的地方，例如在英语课中引入音乐的元素，或者在语文课中渗透英语的知识。

（2）学生参与和实践应用：把学生的主动参与和实践应用作为教学设计的核心。例如，设计一些以学生为中心的项目，让他们在实际操作中应用跨学科的知识，如通过学校社区项目来结合英语、历史和地理知识。这样的实践不仅可以增强学生对知识的理解，还能提高他们的综合素质。

（3）教学反思与改进：建立持续的教学反思和改进机制。这意味着定期收集和分析学生的学习成果、教师的教学经验、学校的资源利用情况。基于这些信息，不断调整和优化教学设计，确保跨学科学习能有效地促进学生的全面发展。

2. 具体研究方法

（1）案例研究法：为了深入了解跨学科学习环境的实际效果和面临的挑战，采用案例研究法。选择几个班级作为研究对象，详细记录和分析这些班级实施跨学科教学的方法、过程和效果。通过对比不同班级的教学策略、学生反馈和学习成效，可以得到关于跨学科学习有效性和可行性的见解。

（2）问卷调查与访谈法：使用问卷调查和访谈法来收集教师、学生和家长的观点和反馈。问卷调查将涵盖教学内容、教学方法、学习资源和学生参与度等方面。访谈旨在了解各方对跨学科学习环境的看法，以及优势、挑战和改进建议。这些数据将有助于评估和改进跨学科教学模式。

（3）实证研究与数据分析：采用实证研究方法，收集和分析学生的学习成绩、参与度、创新能力和批判性思维能力的变化来评估跨学科教学的效果。使用定量分析法来处理和解读数据，从而得出科学、客观的结论。这种方法有助于验证跨学科学习模式的实际效果，为以后的教学实践提供理论依据。

3. 探究过程

（1）文献回顾与理论框架建立：研究的第一阶段将专注于广泛的文献回顾，包括国内外关于跨学科学习的理论和实践研究。这一阶段的研究，旨在建立一个全面的理论框架。

（2）实地调研与数据收集：在选定的班级进行观察、发放问卷和进行访谈。目的是收集有关跨学科教学实施的具体信息，如教学方法、学生反应、教师和家长的看法等。

（3）数据分析与成果整合：数据分析和成果整合，对收集的数据进行详细的统计和定性分析，以评估跨学科教学的效果，并探索优化方案，撰写研究报告和学术论文或研讨会发表的内容。

四、本次探究的创新点

1. 实际课堂操作的创新策略：首个创新点在于开发易于操作的跨学科教学策略，特别是针对普通教师的实际操作能力。这包括设计简单、易于理解且易于实施的跨学科教学活动。

2. 融入地方文化和日常生活的课程内容：另一个创新点是将地方文化和学生的日常生活实际情况融入课程内容。这种方法使跨学科学习更贴近生活，可以提高学生的学习兴趣和参与度。例如，结合当地的风俗、传统文化、人文环境来设计教学内容，更具有现实意义。

3. 根据学生反馈调整教学方法：教师根据学生的学习反馈和表现，不断调整和优化教学方法和课程内容。这种具有灵活性和适应性的教学方式，能够促进学生个性化的发展。

五、本次探究的意义

探究跨学科教学策略，并在初中英语教学中实践应用。预期的主要成果包括一份关于跨学科教学策略的研究报告、一套详细的教学案例集和相关论文、反思。这将改善教育体系独立的学科学习，重视跨学科学习的环境，并在此基础上进行优化，从而提升整体教学质量和学习效果。

"热身活动"深入课堂

2006年10月20日，我跟往常一样步履轻盈地走入课堂，教室里有点烦躁不安的声音，虽然声音小，但是能感觉出学生的精神疲惫，倦怠。师生问候后，由曹艳芳同学作了值日汇报，针对值日汇报，我提了几个问题，看学生是否把握了所听的内容，学生反应不热烈。因为今天是一个星期的第五天了，同学们学习了将近一周，精神状况一蹶不振了。再者，听力训练，听短文一直是学生的弱项、难点。

接下来，我对学生的家庭作业进行检查，结果不是很理想。因为部分学生贪玩，并且初三的学生学习任务也繁重，有畏难情绪。现在的英语词汇量多，拼写难度大，学生有些力不从心，落下太多，兴趣在慢慢减退。我感觉到这节课的内容完成有困难。难道这节课就使劲把学生批评一顿吗？责备他们不努力学习吗？看着那一双双渴求知识的眼睛，我想还是不能一棒子打死。"兴趣是最好的老师。"我想就从兴趣入手，先让学生转变看法，让学生喜欢英语课堂，再由喜欢英语课堂牵引到喜欢英语学习上来。

此情此景，我灵机一动，把课前在英语周报上看到的一则内容用到了课堂上。题目是：《大家跟我动起来》。于是，我微笑着对大家说："Boys and girls, let's do it! Please look at the blackboard." 学生先是一惊，仿佛在想：嗯？我们今天课堂表现这么差，怎么没批评我们？随后，我拿起粉笔飞快地在黑板上板书起来：1. Clap, clap, clap my hands. 2. Stomp, stomp, stomp the ground. 3. Swing, swing, swing my arms. 4. Stretch, stretch, stretch up high. 5. Pat, pat, pat my head. 6. Turn, turn, turn around. 7. Bend, bend, bend to my toes. 8. Fly, fly, fly to the sky.

学生一脸疑惑地跟着把句子写完，琢磨着这是不是什么很难的句子。我提醒大家只要跟着做就会记住了，并且说了一句："It's very easy! Let's do!" 我先示范，学生跟着做，才做了两遍，学生就情不自禁地自己边说边做起来。拍手这个动作也齐整，接下来，整个课堂就活跃起来了。于是我让学生离开座位尽情表演。平时记单词都困难的同学，这一回在边说边做中，很快把八个句子都说出来了，并且都知道这八个句子的意义。在练习中，同学们把抽象的单词变成了自己熟悉的动作，课堂上充满了欢乐。学生那无神的眼睛开始绽放光芒，一脸的倦容全部消失，懒惰的同学都勤快起来了，注意力也集中了。

这对我接下来要进行的教学起了很大的促进作用。本节课要完成的是一篇短文的听力和其他一些内容。原来学生听短文都头疼，这一次，录音放完两遍后，大多数同学听懂了，回答问题百分之九十五正确。其他教学内容也迎刃而解。

反思：外语学习是一种语言的学习，我们要学会运用语言指导实践，使语言具体化，形象化、生动化。把内容学好的前提是把学生的注意力先集中，要集中学生注意力就要调动学生学习积极性，培养学生良好的学习兴趣。学习兴趣高了，就具备了学习的激情，也改变了那种懒散的学习习惯。

同时，一堂课需要活跃的气氛，创造良好的学习氛围也是提高学习效率、提高教学效果关键的一步。我们要让学生在活跃的气氛中学习知识，而不是死气沉沉地接受和承受课堂。要活跃的课堂气氛，课前的"热身"很重要，可以起到事半功倍的效果。

最后，一堂课要把握好各自的角色。教师的角色是主导，对学生进行的是引导、引入；学生的角色是主体，学生自主、自动的学习；师生共同的角色，师生互动，教学相长。

培养学生说英语的良好习惯

在当今全球化趋势不断加强的时代背景下，英语作为一门国际通用语言，在国际交流、文化传播、学术合作以及跨国旅游等诸多领域都发挥着至关重要的作用。而英语口语表达能力作为英语综合应用能力的关键部分，直接影响着人与人之间能否实现有效沟通。然而，当前我国学生英语口语学习现状却不容乐观，部分学生存在不敢开口说英语、发音不准确、表达不流畅等诸多问题，严重阻碍了学生英语素养的全面提升。因此，培养学生说英语的良好习惯成为英语教学中亟待解决的重要课题，这不仅关乎学生当下的英语学习成效，更对其未来在国际化环境中的发展有着深远影响。

一、英语的重要性及现状

（一）英语语言交流的重要性

例如，在国际商务谈判中，能够用流利准确的英语阐述己方观点、理解对方诉求，是促成合作的关键因素之一。再如，越来越多的中国学生有机会参与国际学术交流活动或出国留学，一口流利的英语能让他们更好地融入当地学习生活，与各国师生进行思想碰撞、知识共享。这些都充分彰显了良好英语口语能力的价值，也凸显了培养说英语习惯的紧迫性。

（二）当前学生英语口语现状及问题

在日常教学观察中发现，不少学生在英语课堂上即便被老师点名回答问题，也是支支吾吾，声音极小，害怕犯错。部分学生虽然积累了一定的词汇量和语法知识，但实际开口交流时，却因紧张或缺乏练习，出现频繁停顿、词不达意的情况。分析其背后原因，一方面是学生在日常生活中缺乏真实的英语语言环境，另一方面传统英语教学方式多侧重于书面知识传授，留给学生口语锻炼的时间和机会相对有限。

二、教学中以学生为主体，运用多种教学方法

（一）情景教学法

创设贴合学生生活实际的英语情景能极大地激发他们的表达欲望。比如，在学习"餐厅点餐"这一主题时，教师可以将教室布置成餐厅的样子，安排部分学生扮演服务员，部分学生扮演顾客。"顾客"需要用英语表达自己想要的菜品、询问价格等，"服务员"则要回应并记录点餐内容。像"Can I have a hamburger and a glass of cola, please?""Sure. That will be 15 dollars."这样简单实用的对话在情景中不断被运用，学生们在这种沉浸式体验中更深刻地理解英语在实际生活中的用法，也逐渐养成主动用英语交流的习惯。

（二）游戏教学法

英语游戏深受学生喜爱，且能有效降低学生说英语的心理负担。以英语单词接龙游戏为例，教师给出一个单词如"apple"，学生就要说出以"e"开头的单词，像"elephant"，然后下一个学生接着说以"t"开头的单词，依次类推。在这个过程中，课

堂气氛十分活跃，学生们为了接龙成功，会积极思考并快速组织英语单词和语句，同时也在欢乐的氛围中强化了单词记忆，提高了开口说英语的积极性。还有猜谜语游戏，教师给出英语谜语，如："What has a face and two hands but no arms or legs?（A clock.）"让学生用英语回答并解释原因，促使学生用英语进行思考和表达，锻炼口语能力。

（三）小组合作学习法

将学生分成小组并布置话题任务，能让每个学生都有充分的发言机会。例如，在学习"环境保护"这一单元后，教师要求小组讨论："What can we do to protect our environment?"各小组成员先是各自思考，然后展开热烈讨论，有的学生说："We can plant more trees to make the air cleaner."有的说："We should use reusable bags instead of plastic ones."大家互相交流、补充观点，最后推选代表向全班汇报。在这样的合作过程中，学生不仅锻炼了口语表达，还学会从他人那里汲取知识，共同提升英语口语水平，久而久之便养成了在团队中积极用英语沟通的习惯。

三、因材施教，增强学生的自信心

（一）了解学生个体差异

教师要全面细致地了解每个学生的英语学习情况。通过课堂提问、口语小测试以及平时作业完成情况等途径，会发现学生之间存在明显差异。比如，学生 A 语法基础扎实，能写出较为复杂的英语句子，但发音带有较重的地方口音，在口语表达时显得不够自信；而学生 B 性格内向，尽管英语发音标准，但总是害怕在众人面前开口说话，课堂上即使知道答案也不敢举手回答。针对这些不同情况，教师对学生进行分类梳理，为后续的个性化教学做准备。

(二) 个性化教学与鼓励策略

对于像学生 A 这类发音存在问题的学生，教师可以专门为其制定发音练习计划，从音标开始纠正，选取一些简单的绕口令，如："She sells sea shells on the seashore."让他反复练习，同时在日常对话练习中，只要他发音有进步，哪怕是一个单词的发音更准确了，教师都及时给予表扬，如："Your pronunciation of this word is much better than before. Keep it up！"增强其说英语的信心。对于学生 B 这样性格内向的学生，教师则有意创造一对一交流的场景，比如在课间找他聊天，询问他对某个英语小故事的看法，耐心倾听并鼓励他多说，慢慢地引导他在小组活动中尝试发言，逐步克服心理障碍，敢于在公开场合表达自己的想法。

(三) 营造积极评价的环境

在课堂上，无论学生的口语表现如何，教师都要注重正面评价。比如学生在回答问题时出现了一些语法小错误，但表达的内容很有创意，教师可以这样评价："Your idea is really great！And don't worry about those grammar mistakes. We can improve them together."同时，组织学生互相评价，让他们学会发现同伴的优点并互相鼓励。例如在小组英语对话展示后，引导学生从语音语调、流利度、内容等方面进行互评，像"Your intonation is so nice, and it makes your speech more vivid."这种积极的评价氛围能让学生感受到说英语是被认可和鼓励的，从而更自信地开口说英语。

四、多练习口语，增加口语实践机会

(一) 课堂口语练习常态化

英语课堂是学生口语练习的主阵地，教师要保证足够的时间用于口语训练。除了常规的对话、讨论活动外，开展英语演讲活动对提高口语水平效果显著。例如，每月安排一次英语风采演讲，要求学生提前准备一个自己感兴趣的话题，如"My favorite sport"。学生在准备过程中会深入思考、组织语言，演讲时更是要清晰流畅地表达出来。教师在学生演讲过程中仔细倾听，演讲结束后针对发音、用词等方面存在的问题进行指导，像有的学生把"interesting"读错了音，教师及时纠正并让其跟读几遍。通过这样的活动，学生的口语能力在不断实践和改进中得到提升，也逐渐养成在课堂上积极展示口语的习惯。

（二）课外拓展口语实践渠道

鼓励学生参加英语角活动，在那里他们能接触到不同背景、不同英语水平的人，交流的话题也更加丰富多样。比如在校园英语角，有的学生会聊到自己最近看的一部英文电影的感受，有的会分享国外旅游的趣事，大家用英语畅所欲言。而且英语角轻松自由的氛围能让学生放下心理负担，大胆说英语。此外，推荐学生观看英语原声电影、电视剧也是很好的办法，像《老友记》这部经典美剧，里面的对话生动、贴近生活，学生可以模仿角色的语音语调、表达方式，然后在班级内组织模仿秀活动，让学生展示自己模仿的片段，互相学习，进一步提高口语水平，养成课外主动用英语交流的习惯。

（三）利用现代技术辅助口语练习

如今各类英语学习 App 为学生口语练习提供了极大便利。例如在有的 App 上，学生可以根据自己的水平选择相应的课程和练习内容，进行口语打卡训练，App 会对学生的发音、流利度等方面进行评分并给出详细建议。还有一些语音聊天机器人也很有用，学生可以随时和它进行英语对话，机器人能及时回应并纠正学生的语法、用词错误。另外，线上的外教一对一课程也备受青睐，学生通过网络与外教直接交流，外教能够针对学生的口语问题进行个性化指导，比如有的外教在与学生交流中发现学生总是在使用简单句，就会引导学生学习用复合句来丰富表达，帮助学生在短时间内快速提升口语能力，养成利用现代工具辅助口语练习的习惯。

五、进行文章的复述，提升口语综合能力

（一）文章选择与准备

教师要依据学生的英语水平精心挑选合适的文章。对于初级水平的学生，可以选择像《小红帽》这样简单易懂的童话故事。在学生开始复述之前，教师通过提问帮助学生理解文章内容，如"Who is the main character in the story？""What happened to her in the forest？"等，同时引导学生用思维导图梳理故事的情节发展，从"Little Red Riding Hood set out to visit her grandmother"到"She met the big bad wolf"再到"Finally, the hunter saved them."让学生对文章有清晰的框架认识，为顺利复述做好铺垫。

（二）复述方法与技巧

介绍不同的复述方式时，以详细复述为例，要求学生尽可能完整地重现文章内容，比如复述《小红帽》时，学生要把小红帽的穿着打扮、和狼的对话以及森林里的环境描写等细节都讲出来，像"She was wearing a red hood and a beautiful dress. When she met the wolf, the wolf asked her where she was going."等语句都要准确表达。概要复述则更侧重提炼核心要点，学生可以说："Little Red Riding Hood went to see her grandmother. She met a wolf on the way and finally was saved by a hunter." 另外，教师教给学生使用连接词的技巧，如在复述一篇关于动物习性的科普文章时，用 "Firstly, most birds fly to the south in winter. Secondly, some animals like bears hibernate during the cold months." 使复述内容更连贯、有条理，同时鼓励学生用不同表达方式替换原文词句，提高语言运用能力，通过反复练习提升口语表达的逻辑性和丰富度。

（三）反馈与强化

当学生完成文章复述后，教师要给予及时且具体的反馈。例如学生在复述过程中出现了时态错误，把 "She went to the park yesterday." 说成了 "She go to the park yesterday." 教师要指出错误并说明正确用法，同时肯定学生在内容组织、发音等方面的优点，如 "Your pronunciation is clear and the story you told is complete. Just pay attention to the tense next time." 定期组织复述比赛能激发学生的积极性。

培养学生说英语的良好习惯对于提升学生英语综合素养、适应未来社会发展需求有着不可忽视的重要性。通过运用以学生为主体的多样化教学方法，让英语学习变得生动有趣，激发学生开口说英语的热情；因材施教的策略帮助不同层次、不同性格的学生建立起说英语的自信心；多途径增加口语实践机会以及文章复述训练，则从不同角度提升了学生的口语表达能力和综合运用能力。在今后的英语教学中，教师应持续关注学生说英语习惯的培养，不断探索和优化教学方法，为学生创造更优质的英语学习环境，助力他们在英语学习道路上取得更大的进步，更好地走向国际舞台，展现自己的风采。

浅谈如何有效地教学新目标英语
——基于初中大单元教学理念

摘要：本文聚焦于新目标英语教材，结合初中大单元教学理念，深入探讨了实现有效英语教学的多元策略。从更新教学观念、优化课堂导入、创设有效语言情境、激发学习兴趣、突破词汇教学、加强师生交流及完善教学评价等方面详细阐述具体做法，旨在提升新目标英语教学质量，助力学生在大单元学习中构建系统英语知识体系，发展综合语言运用能力。

关键词：新目标英语；有效教学；大单元教学理念；初中英语教学

一、引言

随着教育改革的不断推进，初中大单元教学理念在英语教学中愈发受到重视。新目标英语教材内容丰富且具有关联性，为大单元教学的实施提供了良好的基础。大单元教学强调以单元为整体进行教学设计，打破传统单课教学的局限，引导学生从更宏观的视角去理解、掌握和运用英语知识，实现知识的结构化与素养化。在此背景下，探讨如何有效开展新目标英语教学具有重要的现实意义。

二、有效的教学观念

（一）整体规划与系统思维

大单元教学要求教师具备整体规划能力，将新目标英语教材中的每个单元视为一个有机整体，而非孤立的知识点集合。例如，在设计八年级上册某单元教学时，若单元主题围绕"Healthy Lifestyle"展开，教师不仅要分别教授饮食、运动、作息等方面的英语表达，更要梳理出这些内容之间的内在逻辑，引导学生从整体上理解健康生活方式所涵盖的各个要素以及它们之间的相互关系，帮助学生构建系统的知识框架，培养系统思维能力。

（二）素养导向与学科融合

以提升学生英语学科核心素养为导向，大单元教学注重学科融合。在教授九年级关于"Science and Technology"单元时，教师可引导学生阅读英语科技文章、观看科技主题的英语视频，同时融入物理、化学等学科知识，让学生用英语介绍科技发明的原理、影响等，使学生在跨学科情境中运用英语，拓宽知识视野，增强语言综合运用能力，促进英语素养与科学素养等多方面素养的协同发展。

（三）以学定教与学生主体

依据学生的学习起点、学习需求和学习能力来确定教学内容和方法，充分凸显学生的主体地位。在开展七年级的英语大单元教学前，教师通过问卷、测试等方式了解学生已有的英语基础以及对单元主题相关内容的熟悉程度，如在"School Life"单元中，学生是否已经知晓常见校园场所、活动的英语表述等。根据了解到的情况，调整教学重难点，设计多样化的学习任务，鼓励学生自主探究、合作学习，让学生在大单元学习中主动参与、积极思考，成为学习的主人。

三、有效的课堂导入

（一）单元主题导入

从单元整体主题出发进行导入，为整个大单元学习奠定基调。以七年级下册"Traveling"单元为例，教师可在单元起始课展示世界各地著名旅游景点的图片或视频，提问学生是否去过这些地方以及旅行中的有趣经历，引导学生用已有的英语词汇和简单句型进行描述，激发学生对整个单元关于旅行话题的学习兴趣，使他们明确本单元将围绕旅行的不同方面，如交通方式、景点介绍、旅行计划等展开学习，形成对单元内容的初步整体感知。

（二）问题链导入

围绕单元核心问题构建问题链，引发学生的深度思考。如在八年级"Environment Protection"单元教学时，教师可以提出一系列问题，如"What's the current situation of our environment? What causes environmental problems? What can we do to protect the environment?"这些问题层层递进，不仅与单元各板块内容紧密相关，而且能引导学生从不同角度思考环境保护这一主题，促使他们在后续学习中主动去寻找答案，串联起单元内的知识点，实现大单元学习的连贯性。

（三）跨单元关联导入

挖掘不同单元之间的关联，借助已学单元内容导入新单元。比如在学习九年级"Cultural Differences"单元时，教师可联系之前学过的涉及不同国家生活习惯、传统节日等内容的单元，通过回顾和对比，引导学生思考文化差异在生活各个方面的体现，从而自然地引出新单元要深入探讨的跨文化交际中更复杂的文化差异问题，帮助学生建立起知识之间的联系，强化大单元学习的系统性。

四、有效的语言情境

（一）大情境统领

创设贯穿整个单元的大情境，让学生在统一的情境中学习单元各部分内容。例如在"Community"单元教学中，教师创设一个社区志愿者服务的大情境，将单元中关于社区设施介绍、邻里交往、社区活动等板块内容融入其中。学生在这个大情境下，分别扮演志愿者、社区居民等角色，完成诸如带领新居民熟悉社区、组织社区活动等任务，运用不同的英语知识和技能，使整个单元学习在一个连贯且真实的情境中有序开展，提升语言运用的整体性和流畅性。

（二）情境拓展与延伸

在单元学习过程中，不断拓展和延伸语言情境，加深学生对知识的理解和运用。在"Food and Culture"单元里，开始可以创设家庭聚餐情境让学生讨论喜欢的食物，随着学习的深入，拓展到餐厅点餐、不同国家饮食文化展示等情境，让学生在丰富多变的情境中，感受食物与文化的紧密联系，掌握更多相关的英语表达方式，实现从简单到复杂、从单一到多元的语言学习过程，契合大单元教学对知识深度和广度的要求。

（三）情境任务驱动

设置基于情境的任务，驱动学生在大单元学习中积极参与。如在"Famous People"单元，创设名人采访的情境，布置学生分组完成采访一位名人的任务，要求他们事先收集名人资料、准备采访问题、进行模拟采访并用英语记录采访内容。学生为了完成任务，需要学习单元中关于名人职业、成就、性格特点等方面的英语知识，通过这种任务驱动的情境学习，学生更好地将单元知识整合起来，提高语言实践能力，体现大单元教学的实践导向。

五、有效地调动学生的学习兴趣

（一）大单元主题项目式学习

开展基于大单元主题的项目式学习活动，激发学生兴趣。如在"Nature and Animals"单元，教师组织学生开展"保护濒危动物"项目式学习，学生分组进行濒危动物资料收集（用英语记录）、制作宣传海报（用英语介绍动物特点及濒危原因）、开展校园宣传活动（用英语进行讲解和呼吁）等环节。整个过程围绕单元主题，学生在完成项目的过程中，不仅感受到学习英语的乐趣，还增强了团队协作能力和对单元知识的综合运用能力，将大单元学习变得更具挑战性和趣味性。

（二）单元故事创编

鼓励学生结合单元主题创编故事，提高参与度。例如在"Adventures"单元，教师引导学生根据单元所学的与冒险相关的词汇、句型，发挥想象力，创编自己的冒险故事，可以是在神秘岛屿、古老城堡等地的冒险经历，然后在班级内分享。这种方式让学生将单元零散的知识融入故事情节中，同时满足了他们的创作欲和表现欲，极大地调动了学习英语的积极性，使大单元学习更生动活泼。

（三）单元学习竞赛

举办围绕大单元学习内容的竞赛活动，营造竞争氛围。如在"English Skills Show"单元，组织学生进行英语演讲、英语短剧表演、英语知识问答等多形式的竞赛，各竞赛项目紧扣单元重点知识和技能要求。学生为了在竞赛中取得好成绩，会更加主动地学习单元内容，深入挖掘知识内涵，这种竞赛激励机制有效地提升了学生在大单元学习中的兴趣和动力。

六、有效地突破词汇教学

（一）单元词汇分类整合

依据大单元主题对词汇进行分类整合，便于学生系统记忆。如在"Sports"单元，教师将涉及各类体育运动、体育器材、体育场馆、体育比赛的词汇分别归类，如球类运动单词一组、田径运动单词一组等。同时，梳理词汇之间的语义关联，如"play"与不同球类运动搭配的用法等，通过思维导图、词汇表等形式呈现给学生，让学生清晰地看到单元词汇的体系，帮助他们从整体上把握词汇，提高记忆效率。

（二）词汇语境链构建

在单元学习中构建词汇的语境链，加深学生对词汇的理解和运用。以"Music"单元为例，教师选取一段英语歌曲歌词作为主线，将单元中的重点词汇嵌入其中，让学生在欣赏歌曲、理解歌词含义的过程中，感受词汇在具体语境中的运用，并且随着歌词情节的推进，词汇不断复现，形成一条语境链，学生在这样的语境链中不断强化对词汇的记忆，同时也学会了如何在真实语境中准确使用词汇，符合大单元教学对词汇教学的情境化要求。

（三）词汇拓展与应用

基于单元主题进行词汇拓展，并引导学生在不同情境任务中应用词汇。如在"Technology"单元，教师除了教授教材中的基础科技词汇外，还拓展介绍一些当下热门的新兴科技词汇，如

"artificial intelligence""virtual reality"等。然后让学生在介绍科技发明、讨论科技发展趋势等任务中运用这些词汇，拓宽词汇量的同时，使词汇学习与大单元的知识应用紧密结合，提升学生的词汇运用能力，服务于大单元教学目标的达成。

七、有效地与学生进行交流

（一）大单元学习反馈交流

定期与学生进行大单元学习的反馈交流，了解他们在单元学习过程中的整体感受、遇到的困难以及收获。例如，在完成"Holiday"单元学习的中途，教师组织学生开展座谈会，让学生分享在学习不同节日相关知识和英语表达时的体会，是觉得单词记忆困难还是对节日文化理解有疑问等。教师根据学生反馈及时调整教学策略，给予针对性的指导，确保大单元学习顺利进行，同时也让学生感受到教师对他们学习的关注，增强学习的主动性。

（二）小组合作指导交流

在大单元教学的小组合作学习环节，深入各小组进行交流指导。如在"Travel Plan"单元，学生分组制订旅行计划时，教师参与到每个小组中，倾听他们的讨论思路，引导学生合理运用单元所学的关于交通、住宿、景点等英语知识来完善计划，解答学生在合作过程中出现的语法、表达等方面的疑问，促进学生之间的协作与知识共享，提升小组合作学习的效果，保障大单元教学中小组活动的质量。

（三）个性化单元学习沟通

针对不同学生在大单元学习中的个性化表现，进行一对一的沟通交流。例如，对于在"Shopping"单元中对购物相关英语表达掌握较慢的学生，教师单独与其交流，分析原因，可能是词汇量不足，也可能是对句型运用不熟练等，然后为其制订个性化的学习计划，如推荐相关的英语学习小程序进行专项练习等；对于学有余力的学生，提供拓展性的学习建议，如阅读英语购物类的短文或观看相关视频，满足不同学生的学习需求，体现大单元教学中因材施教的原则。

八、有效地评价

（一）大单元学习目标达成评价

依据大单元教学目标制定评价指标，全面评价学生在单元学习结束时对知识、技能以及素养的达成情况。如在"Communication Skills"单元，评价指标不仅涵盖学生对单元内各种交际句型、词汇的掌握程度，还包括学生在模拟交际情境中语言运用的流畅性、准确性以及跨文化交际意识等方面的表现。通过课堂展示、作业、测试等多种形式收集评价数据，判断学生是否达到了大单元学习的预期目标，为后续教学改进提供依据。

（二）过程性评价贯穿单元学习

将过程性评价贯穿于大单元学习的各个环节，关注学生的学习过程和进步轨迹。教师可以记录学生在单元预习、课堂互动、小组合作、课后作业等方面的表现，例如在"Movie"单元学习中，观察学生在课堂上分享电影观后感时的英语表达、参与关于电影话题讨论的积极性以及在小组制作电影海报任务中的贡献等，及时给予反馈和鼓励，引导学生重视学习过程，不断调整学习策略，促进大单元学习的持续优化。

（三）多元主体参与单元评价

鼓励多元主体参与大单元评价，形成评价合力。如在

"School Subjects"单元，除了教师评价外，让学生自评，回顾自己在单元学习中对各学科英语名称、学科相关活动描述等知识的掌握情况以及学习态度、努力程度等；组织学生互评，评价小组成员在合作学习过程中的表现，如是否积极参与讨论、能否准确表达观点等；邀请家长评价学生在家中对单元英语知识的复习、应用情况，如是否能用英语介绍自己喜欢的学科等。多元主体评价使评价结果更客观全面，有助于提升大单元教学的质量。

初中大单元教学理念为新目标英语教学提供了新的思路和方法，通过更新教学观念、优化课堂导入、创设有效语言情境、调动学习兴趣、突破词汇教学、加强师生交流以及完善教学评价等多方面的有效策略实施，能够使新目标英语教学更具系统性、整体性和实效性。在实际教学中，教师要持续探索和实践大单元教学，根据学生的实际情况和教学反馈不断优化教学过程，助力学生在英语学习中构建扎实的知识体系，提升英语学科核心素养，为其未来的学习和发展奠定坚实的基础。

浅谈九年级英语总复习

——抓基础、突专项、勤练习、找方法

总复习是中考的关键环节。可是怎样开展总复习？我认为制订一份合理全面的总复习计划是一把能提纲挈领的钥匙，它在中考总复习中起着关键的作用。根据几年来的中考模式及学生实际情况，在中考复习时我采取"三步复习法"，把全面复习和重点复习有机结合起来。以下是我多年从事教学的心得和体会，与大家共同探讨。

第一步是教材的梳理，即以英语新课程标准为纲，以现有英语教材为载体，有计划、有针对性地组织复习。这是抓好基础的关键一步。

首先进行教材的梳理：

1. 要求学生把所有初中英语教材准备好，引导学生从七年级开始逐个单元复习归纳，每个话题的基础单词、词汇、重点句型牢牢掌握；

2. 对于单词及词汇遗忘的情况，我让学生准备听写本，坚持天天听写，数量在10~20个；

3. 课余时间鼓励学生多读多看有关英语方面的文章。

其次，梳理教材过程中，我的方法是利用配套的总复习试

卷，复习一个单元，测试一个单元。在阅卷后我都要认真地进行评卷，并准备一份学生复习考试时的成绩册，以便检查学生的学习效果，逐步提高。这样，每次考试后师生都可以比较，查漏补缺。

第二步是专项复习，有语法专项和试题专项。

1. 语法专项

我把重点放在词性词类、时态、宾语从句、定语从句、被动语态等内容上。词类方面，名词、动词、形容词、数词、代词等加以重点掌握。这些内容可以在第一步教材梳理时一边渗透。语法专项复习的好处是让学生明白什么词怎么用，懂得使用规则和方法，找到学习英语的途径。

2. 试题专项

试题专项有单项选择、完形填空、阅读理解、书面表达等。我的做法是突出阅读理解这个重点，突破写作方面的难点。平时多进行阅读，养成每节课读懂一篇文章的习惯，长此以往，阅读能力就提高了。再则，文章读多了，既增长了知识又巩固了单词、词汇和句型。对于写作，坚持写日记，一周2~3篇，包括各种题材的，然后进行批改，对学生的写作有很大的帮助和提高。还有，课堂上的值日汇报对学生也是一个很好的锻炼，既提高写作，又练习听力和口语。

对教材各册各单元出现的语法知识进行系统的归纳总结，分内容分步骤进行讲解和练习。经过全面、系统、综合性地复习了一轮以后，发现学生大都在下列知识点上产生障碍：听力、动词时态、词类、句型、阅读理解、作文等。鉴于此情况，分知识点编写专项训练题，对症下药逐点突破。比如"动词时态"，新课程标准要求学生只需掌握运用五种时态，即一般现在时、现在进行时、一般将来时、一般过去时和现在完成时，而学生对于这五种时态所包含的时间理解得不是很清楚，因而导致将表示时间的词、短语或有关副词混淆使用，错误百出。针对此种症结，搜集编写专项训练题对学生进行训练。诸如以上所列各知识点存在的障碍，都应采取这种专项训练的方法来解决。我认为在第一步复习后采用专项训练、重点突破的复习方法是行之有效的。

第三步是模拟训练和综合训练。以《中考总复习指导》为主要训练材料，模拟试卷和总复习测试卷为辅。

训练中，注意精讲，点到为止。练习中出现的典型问题，我就写入《校本教研》，进行反思，与同组老师进行讨论。比如：改反义疑问句 He has little food，_____ he? 学生容易忽视 little 这个单词，容易把答案写成：doesn't。由此，我们拓展到 few, never, hardly 等单词。每次训练，学生先独立完成，然后老师加以讲解，加深对所做练习的印象。这时已经接近中考，一般各校都会进行相应的模拟考试，这是考前学生心理素质和学习水平的测试，这时给学生指点考试的方法和帮助学生培养良好的心理素质，对学生在这个阶段出现的问题要及时予以纠正。让学生适应新中考，做到临考不惧，胸有成竹。

下面谈谈我复习时的几点方法，仅供参考：

1. 提高学生兴趣。由于是复习，学生对课堂及内容都没有新鲜感，所以容易产生厌倦的情绪，因此在复习中要把握好尺度，尽量让学生自主、积极地学习，培养学生的兴趣，千万不要"一言堂"。

2. 复习课要简练，突出重点。不要给学生繁杂、冗长的感觉，否则学生一上复习课就头疼。因此在板书时多下功夫，做到科学、主次分明、简明扼要。

3. 语法知识的复习，忌死记硬背。比如：some time, sometime, some times, sometimes 的区别。如果背下来，不久就又弄混了，且张冠李戴。用上口诀就容易多了：分开为一段（时间），相连为某时；分开 s 为倍次，相连 s 为有时。

4. 新课教学"热身"重要，复习课"热身"更重要。复习课冗长，知识繁多，没有积极的态度和激昂的情绪，学习效率就不高。比如复习动词时，先来一段 chant：

clap, clap, clap my hands;

stomp, stomp, stomp the ground;

swing, swing, swing my arms;

……

再进入动词的复习，学生就更容易接受。

5. 不能歧视差生，更不要用语言去伤害他们。要不，差生会更多。一句鼓励的话比伤人的话效果好百倍。我现在带的班级，"双差生"多了，这种现象就更明显。

6. 多与学生交流、沟通。这比课堂说教几十分钟效果更好，更能教学相长。当我的教学工作不好开展时，我往往会带着商量的口吻跟大家说这个步骤怎么办。比如说读单词方面——音标问题，学生提出要复习一遍，那么我根据实际情况就在课堂教学中增加一个环节：快乐音标。然后各节课学习 6 个左右音标，慢慢渗透，学生学习兴趣有了，效果就好了。

以上是我在复习教学中的一些体会和方法，比较浅显，希望能起到抛砖引玉的效果，得到各位同人的帮助和指导，更进一步改善和提高英语复习，为中考冲刺做好准备，为学生能考上理想的学校而努力！

深度学习视角下的初中英语跨学科课程建设

"跨学科"是适应时代发展对综合型人才的要求而提出的。《义务教育英语课程标准（2022年版）》提出，英语学科与其他学科之间的相互渗透和联系是新时代的要求，并以此为契机，构建多学科跨学科教学的课程体系，以填补教科书上的教学内容缺失，使学生更加全面发展。要想更好地提升学生的核心素养，就必须从深度理解的角度出发，对初中英语跨学科构建的途径进行多样化的探讨。

一、跨学科课程的内涵

在新一轮课改的进程中，建立健全的课程系统是非常重要的一环。从2001年开始，《基础教育课程改革纲要（试行）》就明确指出，要解决目前我国课程体系建设中存在的问题，要根据区域和学生的发展需要，开发和设计适合各区域和学生发展需要的课程体系，提倡各中小学要主动开发和使用跨学科式的校本课程。《关于深化教育教学改革全面提高义务教育质量的意见》明确提出，要以"以专业为本"，以"融合"为核心的教学。从这一点可以看出，学科跨学科是新一轮课改不断深入发展的必然结果。首先，跨学科是多学科之间的知识和资源的全面融合，这种课程的发展和应用，对过去的单学科教育的固有方式进行了突破，为探究新的教育方式开辟了全新的途径。其次，跨学科的知识并不是简单的、浅层次的重叠，它是一种在现实环境中，以探究和解决问题为导向的综合课程，其重点不在于对某个学科知识和结构的综合，而在于多学科的综合视野和思路下对知识的理解和问题的求解，因此，更具实用性。最终，作为对全国课程系统的一个有力的补充和扩展，跨学科课程是学校课程的一种主要表现，通过一种集成的方式，将课程、学校具体的教学学情、学习技术等关键要素融合在一起，让它们不仅能满足地方教育需要，还能对现有的教学课程进行有益的补充和扩展，从而更好地实现课程改革的思想。

二、深度学习视角下初中英语跨学科课程的建设路径

从上述分析可以看出，建立学科跨学科的教学模式是当前我国基础教育新一轮英语教学发展的需要和方向，是推进我国初中英语教育教学发展的一项重大措施。为此，在目前的初中英语课堂上，我们应该从深度学习的角度出发，更加深入地探索初中英语学科跨学科建设的途径，从而提高学生的英语学习效果，促进其综合素养的发展。

初中英语学科跨学科的构建是一个综合性的、系统性的项目，它包含着多种教学要素，因此，初中英语学科跨学科的构建必须走多样化的道路。所以，老师们应该更加深入地探索这个创新项目，从而找到一条能够有效地扩展初中英语跨学科课程构建的途径，寻找更多的学科整合的突破口，从而推动跨学科课程的构建。

（一）重视跨专业科目的高效整合

"学科跨学科课程整合"是初中英语学科跨学科建设的一个重要方面，它是英语与某一专业或两个专业的互相结合，从而建立起教学和结构性或系统性的课程。在这种跨学科的构建之路上，老师要从英语教育的特定需要出发，找到与其他学科的融合点，并利用这个机会，将各学科之间的知识进行整合和精炼，并通过专题课程的方式来设计相关的教学流程，让学生能够将这套完整的知识系统融入英语的学习之中，从而推动初中英语的深层发展。

比如，在开展"中国民间故事"跨学科的课程建构过程中，老师可以让同学们完全体验到英语课堂与语文课堂之间的整合机会，并结合人教版英语八年级下册 Unit 6 An old man tried to move the mountains 这一话题，让他们在"愚公移山"的神话背景下，对英语本单元的学习有浓厚的兴趣。另外，老师也可以将中国的一些神话故事与英语课堂进行整合，例如 Pangu separate the sky and the earth，Kuafu chase the sun，让他们在初中英语教学过程中感受到中国神话故事的魅力。

（二）重视实践的有机结合

英语作为一门工具性和实用性的教育学科，要想使其英语的整体素养得到切实的内化和生成，在深度学习的进程中，必须经过学习的理解、实际的运用、转移、创造性等环节，从而使学生的整体素养得到切实的提升。为此，在建构初中英语跨学科课程时，要从建构基于理解的探究性学习的视角出发，让学生通过参加综合实践活动，实现多学科知识的全面学习和应用，从而取得更好的教学效果。

比如，八年级上册 Unit 7 Will people have robots? 就是初中英语学科跨学科的一个很好的例子，在这个跨学科的学习过程中，老师们可以主动地让他们参加一些实际的学习。首先，在建构这个跨学科的课程系统前，老师要让同学们运用自己所学到的信息技术技巧，以网络搜寻方式，搜集有关机器人的信息，让同学们能够对机器人有一个基本的认识。其次，在具体的教学过程中，老师可以通过播放机器人相关视频来创造一个教学情境，并要求学生对未来机器人展开想象，通过一系列的活动来加深对机器人的认识。另外，老师给学生布置一些关于机器人的作业，让他们用生动的 PPT 将自己对机器人的认识呈现出来。也可以写下或者谈论自己对机器人的认识，尤其是智能机器人，它们的种类、功能、作用、人类和机器人之间的联系等。在这种综合的实践活动中，老师们能够把英语课程和信息技术课程、语文课程整合起来，从而拓宽学生的视野，提高他们的综合素养。

（三）在构建初中英语学科跨学科教学的过程中，要主动构建一个资源平台

在初中英语学科领域的构建过程中，课程资源是一个必不可少的要素。为更好地推动初中英语学科跨学科课程的构建，学校要主动建立健全的资源平台，收集、整合校外资源和数字化资源等，并对各种教育资源进行最好的整合，为我国初中英语学科专业课程的构建提供充足的资源保证和支撑，从而加快课程的发展。

初中英语是学生的核心素养的重要组成部分，教师要根据新课标关于跨学科的教育理念，主动探索基于深度学习的初中英语学科跨学科的建构路径，通过拓展路径、完善评估机制和搭建支

撑平台，建立一套完善的科学的英语跨学科课程建构机制，为学生的深层发展在课程层次上培养学生的英语素养，从而在教师更加科学和全面的指导下，对学生的整体素养进行高效的训练和提升。

听说课中的新知呈现

通过专题三的学习，我对语言知识新项目的呈现有了更全面、更系统的了解。新知呈现大约有六大类：

1. 直观呈现法（利用实物、卡片、简笔画、教学挂图、多媒体课件等，便于培养学生用英语思考的能力）；2. 体态呈现法（运用面部表情、手势、目光和身体语言。用这种方式，教师教得轻松，学生学得轻松）；3. 游戏呈现法（让学生在玩中学，可以起到事半功倍的效果）；4. 谜语呈现法（这种方法使学生有很深刻的印象，容易记忆，而且可以培养学生的想象力，开发学生的智力，寓教于乐）；5. 故事呈现法（借助图片、动作、手势等辅助手段，讲述故事激发学生兴趣，为学习新知识做好铺垫）；6. 以旧带新呈现法。

听说课中我用过的新知呈现的方法主要有：图片展示、谈话、体态语言等，效果都不错。通过本专题的学习，我在听说课中新知呈现的方法更多了，而且呈现方法更系统，更有针对性，运用起来更得心应手。

一、运用图片

Unit 10 I'm going to be a basketball player 这个单元的学习，我

就运用了图片展示各种职业，在辨认职业的过程中进行单词的学习。如：姚明的图片（basketball player），杨利伟的图片（pilot），林心如的图片（actor），等。当然，还让学生准备自己在课外准备的图片，如已学过的 driver，nurse，doctor，singer 等。

二、编顺口溜

在"数词"的复习课上，我运用了顺口溜帮助学生记忆基数词变序数词的方法：

基变序很容易，多数基数词加 th。

第一、二、三要注意，结尾各是-t，-d，-d（first，second，third）。

八（eight）减 t 来，九（nine）减 e。

-ve 要改为 f（以 ve 结尾的单词），-ty 要改为 ie（以 ty 结尾的单词），结尾再加 th。

三、角色扮演

八年级上册 Unit 2 What's the matter? 让学生扮演患者和医生。患者情况分别是：fever，headache，stomachache，sore throat⋯，医生分别提出建议 You should⋯You shouldn't⋯。

四、准备实物

七年级上册 Unit 6 Do you like broccoli? 课堂上，准备了各种食物、蔬菜、水果等，先教会学生有关的单词，把学生分成几组做沙拉，有蔬菜沙拉、水果沙拉，品种多样，各小组之间进行评比。学生通过动手，加深了对这些物品的认识，记住了单词，学会了做沙拉。

五、闲聊

八年级下册 Unit 1 Will people have robots? 教学片段：

T: This class, we are going to talk about future. Future, 未来。
　　Where are you going in the future?

Ss: We are going to the moon, we are going to…

T: OK, wonderful! Good dreams.

T: Do you know robots? Robots, 机器人。
　　Will people have robots?（板书课题）

…

这样学生在谈话的过程中就进入了新课的学习中。

我的阅读教学

——词汇是开启阅读的钥匙

我目前带的是八年级的学生，使用的是新目标英语教材，八年级英语从下册开始增加了阅读文章。如 Unit 1 Reading Do you think you will have your own robot? Unit 2 Reading Maybe you should learn to relax! 每篇阅读文章都有不少词汇。因此，学生读懂文章的关键就是突破词汇，各个击破。

学生基础差，每次听写单词都有大部分学生是翻开书找单词的，要弄懂一篇阅读文章何其艰难。为此，我是这样进行教学的。

首先，布置预习任务。

预习中一定以词汇为先导，比如 Unit 3 Reading Do you remember what you were doing? 当教授完 Unit 3 self check 后就布置学生预习任务：1. 文中有多少新单词、词汇？你会读吗？能理解它们在文中的意思吗？2. 文章是讲哪个方面内容的？3. 文中有几件事例？你印象最深的是什么？

第二，学习新词汇，并在文中进行注解。

第三单元的阅读文中有 25 个新单词及短语。事先我给学生范读并带读至少两遍；然后让学生齐读或者个别读；再后来，我说中文意思，让学生说出英语词汇，看能否对号入座；最后，让学生花 5~10 分钟时间在文中找出新单词及短语，并进行注解。

第三，把词汇串起来，阅读文章。

在新单词及短语的指引下，概述文章大意。

heard-modern-kill-Memphis-murder-hear about…

听说——现代的——杀死——孟菲斯——谋杀——听说……

有一条线牵引，学生多数能说出文章的大意。老师可以带领学生一起说说文章的大意。

第四，在熟悉单词的基础上，细读文章。

hear（历史上重大事件新闻），modern（美国现代史上的重大历史事件之一，1968 年 4 月 4 日），kill（马丁·路德·金被杀），Memphis（他被杀的地方是美国的孟菲斯市），murder（谁谋杀的不知道），hear about（听说的情况）……

第五，复习词汇，复述文章。

在复习词汇的基础上，复述文章，这样一篇阅读文章就在词汇的学习中慢慢完成了。在词汇学习中渗透了文章的情景，及事件内容，加深了对词汇的理解和记忆，也达到了完成阅读文章的目的。

我实践中的新目标

新目标伴随我走过了三个春秋，其中有许许多多的感触。下面我就来谈谈新目标，说说我的新目标教学。

一、初探新目标

2003年，一股新课程改革的春风吹遍了每个校园，我正好赶上了这阵春风，走进了新课程改革的课堂。新目标英语以其崭新的版面，灵活的设计，新颖的内容，诱人的理念，与时俱进的时代信息……给我的教学带来了无穷的乐趣和无限的信心。

拿到新教材，我就仔细地从前到后翻阅了一遍，就这样理清了它的结构。由此，我一步一步地钻进了新教材，实践着新理念。而且，我的教学模式开始有了巨大的变化，教学方法更是有了质的飞跃。新教材就像一块磁石，使我拿着它爱不释手，教着它津津有味……

二、新目标给我带来的苦与乐

苦：新目标英语教材的特点是概念新、内容新、教法新、学法新。由于长期受传统教育模式的影响，以往的教学法时常干扰现在新教材的教学，教师稍不注意就会"主宰"课堂，甚至于"梦游"。

新教材的应用，存在脱节现象（这主要是针对 2003 年的农村乡镇中学学生来说，因为这一届七年级学生，在小学时还没有开设英语课）。新目标教材适用于小学开设了英语课的初中学生，而我面对的是农村乡镇中学学生，他们的英语基础几乎为零，所以在起步和衔接上有一定困难，好在新目标设有 5 个预备单元，这缓冲了师生的压力。

新教材七年级上册共有 5+14 个单元及 3 个复习单元，由于教学时间有限（一周 4 个课时），要学完这本书很困难。后经半学期实践以及相关提议，这册教材定在期末学完 Unit 10。本册教材对初学者来说内容较多，词汇量较大，因此教学相当吃力，师生负担重（老师的嗓子通常是哑的，因为当初还没教材磁带），后来的八、九年级教材效果好一些，学得较为轻松。

可能时间上有些仓促，试用新教材时发现不少错误，如：听力题的代号错误（七年级上 Unit 5 Do you have a soccer ball? section A 2b），单词表中的单词意思错误（如七年级上"that"，八年级上"unfortunately"），单词音标错误等。当然，我相信以后新目标英语教材会更完善、更完美。

新教材给教师带来的最大困扰是没有配套的听力磁带、幻灯片、参考教案及相关教学资源。特别是在七年级时，只有到外面的书店购买磁带使用，七年级到九年级学校预定的音像教材中都没有新目标英语的。同样，幻灯片和教学参考书也不齐全，这给教师的备课带来诸多不便。

七、八年级教材后没有附带一些相关的注释、句型及语法知识等，如果有就更好了，这样师生可以参考，而学生也可以自学。新目标教材中，英语歌曲可谓是凤毛麟角，如果自测部分添加适量英语歌曲，效果是不是会好一些？

乐：教学中 pair work、group work、survey、Just for fun 等都给师生带来无穷的乐趣，师生在活动中共同学习，共同促进，师生互动，课堂活跃，同学们在活动中相互学习，共同提高。教材中的 Reading 给同学们带来许多新时代的信息，既增长了知识又培养了学生的阅读兴趣。其中，学习策略就如指路灯，引导学生阅读文章，教材后的 Culture Units 也给同学们一顿"知识美餐"。

新教材的运用，使我受益匪浅，我的教学观念大有改变，教学方法上有了很大的改进。2003年下学期，新课程改革片教学比武在我校举行，我积极参加了这次活动，积极运用并实施新课程理念。这堂课还被选送到县里参加教学比武，并获得二等奖。三年来我上公开课、示范课、比武课、研讨课等约20节。

新教材内容新，促使我更进一步地钻研教材，吃透教材，汲取精华，平时认真备好每节课，上好每节课，积极地学习、研讨，并虚心地听课。各市、县、片、学校的比武课，我有空就听，有机会就学，从中学到很多宝贵的经验。

新教材注重任务型的教学，情境教学。教学中抓住情境，创设情境，运用情境是我教学中的重大突破；教学中运用"热身"这样的上课技巧，可以起到事半功倍的效果，这像兴奋剂、催化剂、润滑剂，可以拉近学生的距离，促进师生的磨合，对一堂课的成果与否有着不可估量的作用，我在论文《浅谈教学新目标英语的体会》中谈到了。

三、新目标给我的启示

1. 给我感触最深的莫过于多媒体教学。学会运用多媒体教学就仿佛自己手里掌握着一根魔法棒。新目标英语教材的特点是注重听、说、读、写的结合,并且各个环节联系相当紧密,多媒体的教学就像航空母舰,是听、说、读、写的载体。运用各种现代化的教学手段,可以使课堂内容生动、形象、具体、浅显易懂,且声像结合,容易集中学生的注意力。遗憾的是乡镇一级的中学,在2006年上学期才基本配备好多媒体教学设备。

2. 新目标教材的实践性是很强的。有的就像实验课,如:How do you make banana smoothie? 你可以准备好食物、水果、饮料、搅拌机等,准备好物品时应学习与这些物品有关的单词,然后操作制作"香蕉思木西"的过程,可以教师先演示,然后学生操作。教师可以先安排步骤,然后学生分组进行操作,看哪组完成得好;还有的像讨论课,如:What would you do? 从熟悉的钱入手,让学生讨论、得出结论,考验了学生的金钱观、价值观,正确地摆正自己的位置,指导学生的实际行动;再有的像生活课,内容贴近生活,如:How do you study for a test? I want to be an actor. How often do you exercise? What is he like? What does she look like? Where's the post office? Where would you like to visit? Rainy days make me sad.

3. 多钻研教材,钻透教材。自从有了新目标,我更喜欢查阅字典、翻阅资料、浏览网页,新教材涉及面广,知识涵盖量大,需要老师不断充电。师生都要勤动手,勤动脑,多了解一些社会、生活、学习上的知识,同时在学习过程中不断反思,不断积累。这几年教学中,我写了一些论文,如《初中英语趣味教学谈》《浅谈教学新目标英语的体会》《浅谈学生在课改课堂中的评价权》《谈谈性格与教育》《数学方法在英语教学中的应用》《九年级英语总复习》《我在英语教学中是这样转化差生的》等,还有教学反思《鼓励学生提问—由 small talk 所想到的》，教学设计《Is this your pencil? Section A》，等等。

4. 积极参加新课程改革的培训和学习，多聆听专家及有经验教师的意见和见解。我于 2003 年 8 月参加了县新课程改革实验教师培训，2005 年参加了市级英语学科课程改革实验教材培训和湖南省基础教育改革研讨会等，每次活动都有很深的感触，学到不少经验知识，它们就是我行程中的加油站。

5. 我在新目标英语教学中常常是从这五个方面入手：（1）注重课堂上的"热身"；（2）运用教学新理念，注意渗透新理念；（3）不断创设情境，运用情景教学；（4）突破词汇；（5）注重学生成果的体现。

四、经验与不足

三年来新教材的教学给师生带来许多乐趣，师生相互探讨，共同摸索，很有团结协作的精神。几年来，我兢兢业业工作，脚踏实地实践，学生的英语学习兴趣不减，学习成绩不错，在所有县级中学中名列前茅。学生参与性强，各种活动积极参加，如阅读比赛、默写单词比赛、听力比赛、书写比赛、朗读比赛等，甚至中央电视台的英语风采大赛。这都是新教材给他们的胆量、灵感，使他们敢于"冲浪"。

同样，教学相长，我在几年的教学中也取得了一定的成绩。2003 年下学期，西部片教学比武中，我的课"Is this your pencil? Section A"获一等奖，后在县级教学比武中获二等奖；2006 年上学期片区初中毕业教学研讨会中，我的课《数词》获一等奖。

同时，我在 2004 年度、2005 年度连续被评为"优秀教师"，2004 年度、2005 年度考核评定均为"优秀"，并获县级嘉奖。此间，我写了不少论文，其中《浅谈教学新目标英语的体会》在湖南省中小学教师继续教育研讨会2004年度论文评审中获三等奖，其余各获市、县、校级奖励。

三年来的教学中，我最失败的地方在于对学生口语的训练。由于新教材词汇量大，师生的多数时间花在了记忆单词和阅读短文上，学生在口语表达上有些吃力。今年学生参加CCTV英语风采大赛，我的学生止步于郴州分赛区的复赛就是明显的例子。口语不能忽视，还要多花时间练口语，比如：每节课的值日汇报，课前的2~3分钟对话等，我都让学生畅所欲言。

我上新教材以来最大的遗憾是，没能好好地上几节像样的多媒体教学课，还有教学资源不够齐全。如果这些都有，我们的课堂，我们的学生会不会学得更好？上了三年的教材，就要换成"湘教版"了，心中多少有些可惜。

新教材的各单元编排较灵活，有的单元编排有些散，不便于集中学习，老师把握上有困难。新教材单词多，但有些使用频率不高，学生学习很困扰，产生畏难情绪，学生稍微掉队就造成两极分化，这是我在教学中没有把握好的。

在阅读和写作上，我时间花了不少，但在方法指导上还不够，学生写作时思路还打不开，把握不准，我在这方面还要继续钻研、突破。

在以后的教学中，我还需不断努力，不断地奋斗，争取让我的英语教学更上一层楼。

英语教学中课堂提问的范例与反思

在新目标英语八年级 Unit 10 的教学中，讲到"Small Talk（闲聊）"这个话题，为了能给学生一次很好的开口锻炼英语口语的机会，我在课堂上准备了很多的话题，也让学生提出了话题。同时，同学之间可以相互提问，还可以大胆地向教师提问。由于学生基础、层次不同，口语更是相差甚远，心理压力很大，能开口对话题进行提问的寥寥无几。大多学生不敢说，不敢问，低头不语，期待别人先开口。课堂很是沉闷。

针对这一现象，我多次耐心地开导和鼓励，终于多了几个敢进行表达的同学。有位学生说道："Do you like your job？""What's your favorite job？"还有的说道："Have you ever been to Beijing？""Are you a good teacher？"……无论什么问题，我都一一做了回答，课堂气氛活跃了一些。

还有的同学提出的简单问题："Do you like English？"我就让别的同学作出了回答。总之课堂上学生还是很被动，老师提出问题后很尴尬，大家相顾无言。

为了让学生能开口说英语，会开口说英语，能进行课堂质疑，熟练地运用语言，经过多次的课堂教学实践研究和对学生的深入了解，我对不同的同学采取了不同的方法，在不同的课堂采用不一样的教法，进行因材施教。以下就是一些教学中的案例。

第一，提出的问题可以是学习中遇到的问题，可以是课前、课中、课后发现的问题，还可以是校内、校外看到的或听到的，等等。这样比较贴近学生的学习。比如在教学 sometime, some time, some times, sometimes 四个词语时，我把词语板书在黑板上，反复讲解举例，多数同学还是会弄混这几个单词和词语的意义和用法。然后有同学提出，画出表格，在表格中分门别类。我照做了，效果好点，但还是不理想。之后，我在班上问同学，还有更好的方法吗？我知道李同学平时爱学习、喜钻研，我把眼光落在了她身上。马上李同学提出："Can I have a try? I have a good idea. 可以用口诀的方法记忆吗？"她提出的方法不错，我马上采用她分享的口诀：sometime, some time, sometimes, some times. 相连为某时（某个时候），分开为某段（某段时间、一段时间），相连 s（结尾）为有时，分开 s（结尾）为（几）倍、（几）次。这样同学们豁然开朗，很快就记住了。

评析：由此可以得出，要学会激发学生，教给学生提问的"法"，善于提问。把学生平时学习中积累到的知识进行运用、拓展和分享。常言道："授人以鱼，只供一餐所需；而授人以渔，终身受用不尽。"因此，教师注意掌握：不愤不启，不悱不发。

第二，给学生一个敢于提问的"胆"，尊重学生，善于观察学生。如：欧同学英语基础较差，上八年级了，冠词 a 与 an 的用法都还分不清楚。有一次课堂上他提出怎么用 a 和 an 时，班上不少同学发笑，当时他脸就红了，别扭得不知如何是好。这时，我微笑着对同学们说："知之为知之，不知为不知。这位同学很诚实，没有不懂装懂，敢于把问题提出来，是勤奋好学的学生，同学们应该为他鼓励加油。"同学们给予热烈的掌声，而他之后更勤于提出问题了，且不会担心同学们会嘲笑。

再如，英语基础较好的杨同学，她提出的问题往往比较深奥，有时老师一时也难以回答上来。当然，我并没有"一棍子打死"，而是肯定地回答说："你很喜欢思考，你提出的问题很新颖、独特。我喜欢你这种爱思考、钻研的孩子。课后我们再讨论讨论。"她因此思维更活跃，解决问题的方法更别具一格。

评析：给学生一个敢于提问的"胆"，如果谁在课堂上敢于提问、大胆提问，就要受到表扬和肯定，加以鼓励；如果哪位同学提出的问题，教师需要三思才能回答，就更好了，因为这个问题有深度；如果同学提出的问题使老师张口结舌，难以回答，这最好，说明这位同学勤于思考，想得比教师还要透彻深奥，教师今天不能回答，可以留待以后解答。学生不敢向老师提问题的原因是他们害怕被老师批评和被同学嘲笑。要在课堂上提出问题确实不容易，因为他们要承受被老师指责和惹同学发笑的风险，尤其是对基础差的、胆量小的学生。因此教师要积极及时树立学生的自信心。通过这样的鼓励，学生才会敢于把内心的疑问大胆地提出来。

第三，课堂教学中灵活的教学方法很重要，有的时候可以起到画龙点睛、以点带面的效果。有不少学生心里知道要积极地提出问题，并且积极地解答问题，问题是怎样才能"会问"呢？这就需要老师课堂上如何组织学生提问了，让学生积极动脑。

比如说：变换句型。同一个句子，我们不能就只限定在改成否定句、疑问句和进行肯定回答、否定回答。我们可以在学生学

习各种句型的基础上，进行拓展。如：It is an interesting story.〈句型转换〉

It isn't an interesting story.〈否定句〉

Is it an interesting story?〈一般疑问句〉

Yes, it is.〈肯定回答〉

No, it isn't.〈否定回答〉

问：你们还想到了哪些句型？学生积极回答：

How interesting the story is!〈感叹句〉

What an interesting story it is!〈感叹句〉

It is an interesting story, isn't it?〈反义疑问句〉

It isn't an interesting story, is it?〈反义疑问句〉

They are interesting stories.〈复数句〉

It is a pleasure story.〈同义句〉

It is a fun story.〈同义句〉

再如：在老师积极引导和提倡发散思维的情况下，李同学学习词组 be good at，就可以积极地提出和这个词组有关的许多问题。否定式是怎样的？否定式的同义词组是什么？Be 动词的变化如何？举例说明。be good at 的同义词组有哪些？Do well in 和 be good at 在用法上有什么区别？举例说明。等等。

评析：善于运用课堂，把握课堂，师生融合，教-学-评一体化，积极引导学生开动大脑，给他们善于提问题的"脑"。这样课堂效果就会好许多。把课堂交给学生，发挥学生的主观能动性，体现学生的主体地位

第四，有许多学生上课就习惯于接受，不习惯于创造。不论讲什么他们就说"yes"或者"no"。从来不去想想为什么要这

样，理由是什么。上课缺乏激情，一堂课下来除了说过几个"yes""right""OK"就什么也没了。就像踢球一样，球在脚边就踢一下，不在脚边时也不去争取。如：李同学、周同学等，他们认为提问题没什么意义，只要自己知道就行了。由此，我常常在课堂上开导学生，要勤于提出问题，大家都带着问题学习，就是在思考，既然提出一般的问题没什么意义，你就动脑筋提出更有特色的问题，最能突出重点难点的问题。之后，他们在课堂上总能提出一些新颖的问题：What about…/Which…，回答问题都能用到高级词汇：fantastic/excellent/…。

评析：要激励和鼓舞学生，善于观察学生，给他们勤于提问题的"心"。学生不向教师提问的原因是他们不愿提不想提不敢提，不知道如何提。这部分学生大多对学习目的性不够明确，学习积极性没有调动起来。他们在课堂上总是当"收音机"，不想在课堂上开动脑筋主动提问。对这些现象，教师在教学中要设计富有挑战性的问题，激发他们的求知欲和创新意识。

第五，有一节课学习球类运动的词汇，播放篮球足球等比赛视频后，学生学习干劲十足，兴趣浓厚。随即同学之间提问：Do you like basketball/soccer ball…? Do you have basketball/soccer ball…?然后学生还会向老师提问：羽毛球、高尔夫球、门球……用英语怎么说？尤其篮球爱好者谷同学跃跃欲试，投篮动作都出来了，篮球词汇一问便知。"兴趣是最好的老师"，爱因斯坦说过："如果把学生的热情激发起来，那学校所规定的功课，会被当作一种礼物来接受。"对教师而言，为学生创设一个学习和生活的"聪明环境"是非常重要的。

评析：激发学生的兴趣，以"趣"促"提"，这样课堂就活跃起来了，学生学习的兴趣高了，积极提问的同学多了，课堂效果自然就好了。课堂气氛好，学生接受知识就更容易了。

反思：课堂教学是一门艺术也是一门学问，课堂教学效果需要师生共同演绎，达到最佳。课堂提问可以引起学生注意，使学生集中注意力，调动学生积极性，了解他们掌握知识的情况。学生在课堂学习的过程中要正确认识自己，把握自己，提高自己，避免缺乏自信或妄自菲薄。学生一方面具有强烈的自尊心，喜欢表现自我；另一方面又有很强的自卑感，一旦受挫就会胆怯。因此老师要正确引导他们，帮助他们。例如：在上课时，学生发言或提问后，教师不要急于判断答案的正确与否，而是在其他同学评价的基础上，让发言学生先对自己做一个自我评价，这样既起到了抛砖引玉的作用，同时也帮助了学生更进一步了解自己。这样的话，学生会越来越大胆发言和提问。

抓住学生的特点，对症下药

这个学期有幸教150、151两个班的英语，心情相当复杂。这两个班级基础都比较差，而且两个班的学生发生过矛盾，甚至打过架，我也曾经因为这些事情，心里疙疙瘩瘩的。就凭我的初步印象，这样的班级的学生简直是不可理喻，喜欢惹是生非，怎么带？

上课第一天就尝到了滋味，由于是中途接班（开学一周后才接的英语课），再者学生学习兴趣也不高。上课开小差的，讲小话的，睡觉的，发呆的……比比皆是。布置一次抄写单词的作业，上交作业的人数还不多。真是让人头疼。

班级就像一盘散沙，难道就让学生这样下去吗？让他们自暴自弃吗？或者我袖手旁观吗？

班上有的学生成绩还不错，尤其在英语方面突出。多数学生还是想在学校安心学点东西，至少不至于辍学。主要的问题是一部分学生没有学习兴趣，精神不集中，觉得英语很难学，反正学不好，就抱着无所谓的态度。

一、了解学生，调整心态

由于学生基础比我想象中的相差甚远，因此首先我要调整心态，要把他们当初学者看待。并且不能戴着有色眼镜看他们，这样才不至于心情急躁，才会有信心跟他们一道前进。

二、提高学生兴趣，从书写入手

针对学生没有兴趣这一情况，我首先让他们感受到英语并不是可望而不可即的。先让学生从书写着手。因此，开学两周后我就在班上进行了书写比赛，并且把两个班书写得好的同学进行了表扬。有的学生他的英语成绩不是很好，但是书写不错，因而具有他身上的闪光点。挖掘他的这一闪光点，往往可以起到事半功倍的效果，他也因此有了学习的动力。比如150班的李同学就是如此，虽然成绩不是很优秀，但是至少现在上课他能专心了，没有厌学的情绪。

三、增强英语课堂的趣味性

同时，我在课堂上尽量让他们接触一些有趣味的 chant, game, English songs, riddles. 比如 chant：Clap, clap, clap my hands; Stomp, stomp, stomp the ground; Swing, swing, swing my arms; Stretch, stretch, stretch up high; Pat, pat, pat my head; Turn, turn, turn around; Bend, bend, bend to my toes; Fly, fly, fly to the sky. 尽管开始做起来有困难，现在经过约半学期的练习，大多数的学生都能动起来了。学生在活动中就把这些英语单词记住了，并能流利地说出这些句子。学生的注意力也集中了。

四、解决学生的畏难情绪

由于学生惧怕学习，总是觉得很难，听不懂，针对这种情况，我先是鼓励他们，同时在作业布置上降低难度。让他们觉得完成英语作业是一件轻松的事情。现在学生的作业本上有不少的"Good""Great"，学生翻开作业时的心情有所不同了。对这样的学生我们能做的事情就是：让他们跳一跳就能摘到"苹果"。

五、注重交流

现在学生上英语课不觉得可怕，只是觉得时间不够，能多学点知识就好了。特别是单词还需要学生花大量的时间及有效的方法进行记忆。当然与同学多交流也会使他们心情放松，并且更容易找出问题并及时地解决问题，师生感情融洽也是激励学生学习的动力。

以上是我教学中的点滴体会和感受，不足之处请多指教。

NO.2
课堂教学篇

"名词所有格"教学设计

一、教学目标

让学生理解并掌握名词所有格的不同形式及其用法，包括's所有格、of所有格以及双重所有格。

通过练习，使学生能够正确运用名词所有格进行表达，提高语言运用能力。

二、教学重难点

重点：掌握's所有格、of所有格以及双重所有格的构成和用法。能准确区分不同情况下应使用的名词所有格形式。

难点：理解双重所有格的含义及使用情境。在实际语境中灵活运用不同的名词所有格形式，尤其是表示共同拥有和各自所有的情况。

三、教学方法

讲授法、练习法、情境教学法。

四、教学过程

（一）导入

展示一些含有名词所有格的常见短语或句子的图片，如"Lucy's book"（露西的书）、"the door of the room"（房间的门）

等，引导学生观察并思考这些短语中表示所属关系的表达方式。提问学生是否知道这种表示所属关系的语法现象叫什么，从而引出本节课的主题——名词所有格。

（二）知识讲解

1. 's 所有格

构成：一般情况下，在单数名词后加 's，如"the boy's toy"（那个男孩的玩具）。

以 s 结尾的复数名词，只加 '，如"the students' classroom"（学生们的教室）。

不以 s 结尾的复数名词，仍加 's，如"Children's Day"（儿童节）。

用法及举例：主要用于表达有生命的名词的所属关系。例如："My sister's bike is new."（我姐姐的自行车是新的）。

表示共同拥有和各自所有：

共同拥有：当表示多个人共同拥有某物时，只在最后一个名词后加 's。例如："Tom and Jerry's house"（汤姆和杰瑞的房子），表示房子是汤姆和杰瑞共同拥有的。

各自所有：若表示多个人各自拥有某物，则每个名词后都要加 's。例如："Tom's and Jerry's bikes"（汤姆的自行车和杰瑞的自行车），说明汤姆和杰瑞各自有一辆自行车。

2. of 短语所有格

当表示无生命事物的所属关系时，常用"of + 名词"的结构。例如："the window of the house"（房子的窗户），这里用 of 短语表明窗户是属于房子这个无生命物体的。又如："the color of the sky"（天空的颜色），通过 of 短语清晰地呈现出颜色与天空之间的所属关系。

3. 双重所有格

双重所有格的构成是"of + 名词所有格/名词性物主代词"。它常用来表示"众多中的一个"等类似含义。例如："a friend of my father's"（我父亲的一个朋友），这里强调的是父亲众多朋友中的一个。再如："a picture of hers"（她的一张照片），突出是她众多照片中的一张。

（三）课堂练习

1. 选择填空：给出句子，让学生选择合适的名词所有格形式填空，如：This is_____ （Tom/Tom's）book.

2. 改写句子：将用's所有格表达的句子改写成用of所有格表达，反之亦然，例如：the girl's dress = the dress of the girl.

3. 翻译句子：给出中文句子，让学生用含有名词所有格的英语句子进行翻译，如：我妈妈的包很漂亮。（My mother's bag is very nice.）

（四）课堂小结

引导学生回顾本节课所学的名词所有格的三种主要形式：'s所有格、of所有格和双重所有格。

让学生再次明确每种形式的构成方法和使用情境，如's所有格多用于有生命的名词且要注意共同拥有和各自所有的表达区别，of所有格多用于无生命的名词，双重所有格有其特殊的表意。实际运用中要根据具体语境选择名词所有格形式。

（五）课后作业

1. 书面作业

完成课本上关于名词所有格的练习题，包括填空、改写句子等题型，进一步巩固课堂所学的 's 所有格、of 所有格和双重所有格的用法。

用英语写一篇短文，描述自己家庭中的物品所属关系，要求至少使用三种不同的名词所有格形式，字数不少于 80 字。例如：可以描述爸爸的书房（My father's study），妈妈的首饰盒（My mother's jewelry box），以及家里那台属于大家共同拥有的电视机（The TV of our family's）等。

2. 实践作业

观察身边的事物，找出至少五个含有名词所有格的表达，并记录下来，分析它们分别属于哪种名词所有格形式，下节课进行分享交流。

（六）板书设计

1. 's 所有格

构成：

单数名词 +'s

以 s 结尾的复数名词：只加 '

不以 s 结尾的复数名词：加 's

用法：

有生命名词所属关系

共同拥有：最后一个名词后加 's

各自所有：每个名词后加 's

例子：

the boy's toy

the students' classroom

Children's Day

Tom and Jerry's house

Tom's and Jerry's bikes

2. of 所有格

构成：of + 名词

用法：无生命名词所属关系

例子：

the window of the house

the color of the sky

3. 对比 's 所有格和 of 所有格

（1）有生命名词所属关系

共同拥有：最后一个名词后加 's

各自所有：每个名词后加 's

（2）of + 名词

用法：无生命名词所属关系

（3）双重所有格

构成：of + 名词所有格/名词性物主代词

用法：强调"众多中的一个"等

例子：a friend of my father's

a picture of hers

（七）教学设计意图

通过图片导入，吸引学生的注意力，激发他们的学习兴趣，让他们直观地感受到名词所有格在实际生活中的应用。

知识讲解环节，采用由浅入深、举例说明的方式，便于学生理解和掌握名词所有格的不同形式及其用法，逐步突破教学重点。

课堂练习环节，通过多种类型的练习题，让学生在实践中巩固所学知识，及时发现并解决自己在运用名词所有格时存在的问题，从而突破教学难点。

课堂小结环节，帮助学生梳理所学内容，加深记忆，进一步明确不同名词所有格形式的特点和使用方法。

板书设计简洁明了，将重点知识进行分类展示，便于学生在课堂学习过程中回顾和参考。

课后作业布置既有书面练习用以巩固知识，又有实践作业让学生在生活中观察和运用名词所有格，提高学生对名词所有格的理解和运用能力。

教学设计

——Unit 2 Is this your pencil? Section A

〔Teaching structure analysis〈教材分析〉〕

学生在 Starter Unit 1，Starter Unit 3 中已分别学习了单词 book，eraser，pen，pencil，pencil case 和句型 What's this in English？在 Starter Unit 5 中学唱了字母歌。这个课时的教学能够在复习和巩固字母表、单词和句型的基础上，进一步地学习新单词：ruler, backpack, pencil sharpener, dictionary；新的句型：How do you spell pen？P-E-N，pen. Is this /that your pencil？Yes，it is. It's my pencil. No，it isn't. It's his/her pencil.

〔Teaching emphases and difficulties〈教材中的重、难点〉〕

1. Teaching emphases〈教材中的重点〉：Revise book，eraser，pen，pencil，pencil case and grasp ruler，backpack，pencil sharpener，dictionary and so on.

2. Teaching difficulties〈教材中的难点〉：Target language：How do you spell pen？Is this /that your pencil？Yes，it is. It's my pencil. No，it isn't. It's his/her pencil.

〔Recognition objects，ability objects，emotional objects〈教学中的认知目标、能力目标及情感目标〉〕

1. Recognition objects〈认知目标〉: Know the stationeries: pen, pencil, pencil case, pencil sharpener, book, backpack, eraser, ruler, dictionary; Know the pronouns: my, your, his, her, … Say and sing ABC.

2. Ability objects〈能力目标〉: Listen, say, read and write the words of stationeries; Students can hear out the sentences, can ask and answer.

3. Emotional objects〈情感目标〉: The students must be politely, when the classmates ask for help, you can help him/her. Learn to say: Here you are. Thank you /thanks.

〔Teaching aids〈教具〉〕

Cards, pictures, slides, tape recorder, objects.

〔Teaching methods〈教法、学法〉〕

1. Situational teaching method〈情境教学法〉;

2. Complete body response teaching method〈完全身体语言教学法〉。

〔Teaching procedure〈教学过程〉〕

Step 1 Assign the task

Today we are going to identify the owner of the stationeries. Firstly we must get ready for it. We must finish three tasks. Please listen to the teacher carefully. 〈Show the slides 放幻灯片〉

Step 2 Warm up

Task 1: Game〈A body game〉; Say and sing ABC.〈Play the tape〉

Step 3 Learn

Task 2-1: Learn the names of the stationeries 〈Use cards〉; Find the stationeries 〈Use cards and pictures〉; Learn the sentences 〈Show slides〉; Work in pairs. 〈Two teams: A, B team〉

Step 4 Pre-task

Task 2-2: Ask and answer 〈show the objects〉. Practice the pronouns.

T: Your book or my book? S: My book / your book.

T: His pen or her pen? S: His pen / Her pen.

First let the students practice in pairs. Then have the students act them out.

Target language:

T: Is this /that your pencil? S: Yes, it is. It's my pencil.

T: Is this /that your pencil? S: No, it isn't. It's his / her pencil.

Read after teacher, and then let the students act them out.

Group work. 〈Girls' team and boys' team〉

Step 5 While task

Task 3: Listening house. 〈Play the tape〉 1b. 2a. 2b.

Step 6 Post task

Revision. Among the stationeries, what stationeries begin with "p", "b" and so on. Let the students answer and show the objects.

Find the owner. 〈Play a game〉

Step 7 Writing on the blackboard

1. What's this in English? It's a / an …

How do you spell pen? P-E-N, pen.

2. Is this / that my/your/his/her…pencil?

Yes, it is. It's …

No, it isn't. It's …

Step 8 Result 〈Classroom sub-footing〉

如何上好一节英语微型课

微型课，不是微格课，是一种在较短时间内（通常 10~20 分钟左右）呈现完整教学过程的课型。它在教师招聘、教学竞赛等活动中被广泛应用。上好一节英语微型课需要教师精心设计教学步骤、合理安排教学结构，并充分发挥微型课的独特优势。以下将从英语微型课的特点、步骤、结构以及重要意义等方面展开阐述，并配以适当的例子。

一、英语微型课的特点

英语微型课与常规英语课相比，有其自身特点。

首先，时间有限，这就要求教师必须精准选取教学内容，突出重点，舍弃一些非关键的拓展内容。例如，在教授英语阅读课时，不能像常规课那样对整篇文章进行面面俱到的分析，而要聚焦于文章的核心段落、关键语句以及重要的语言知识点。

其次，微型课虽然时间短，但教学环节要完整。从导入、新授、练习到总结、作业布置等环节都要有，只是每个环节需要更加紧凑高效。

再者，微型课没有学生的真实现场互动反馈，但教师要通过巧妙的教学设计营造出仿佛有学生参与的课堂氛围，如通过提问停顿、模拟学生回答后的评价等方式来达到目的。

二、英语微型课的步骤及结构

(一) 导入 (约 1~2 分钟)

导入环节是吸引评委或观众注意力,快速进入课堂情境的关键。常见的英语导入方法有:

情景导入:例如在教授关于"季节"的英语内容时,可以通过展示四季不同景色的图片或视频(提前准备好放在课件中),同时用英语描述:"Look at these beautiful pictures. Can you guess what season it is?"然后依次展示春天的花朵盛开图,问"Is it spring?"这种情景导入能直观地让学生(虚拟的学生,下同)感受到主题相关的情境,激发学习兴趣。

问题导入:如果是讲一般过去时的语法知识,可以先抛出一个问题:"What did you do last weekend?"然后稍做停顿,仿佛在等学生回答,接着说:"Well, I went shopping last weekend. I bought many things. Do you want to know how to talk about the past things in English?"这样的问题导入能引发学生思考,自然地引出本节课的教学内容。

(二) 新授 (约 6~10 分钟)

这是微型课的核心部分,要清晰、高效地传授新知识。

呈现新知识:

在词汇教学中,比如教"animals"相关词汇,可通过图片展示一只熊猫,说:"Look, this is a panda. P-A-N-D-A, panda. Read after me."然后展示狗、长颈鹿等动物图片,依次呈现并教授新单词,同时注意单词的发音、拼写和词义讲解。

在语法教学方面,以一般现在时的第三人称单数为例,可先给出几个句子："I like apples. He likes apples."对比呈现，让学生观察到动词形式的变化，然后再详细讲解第三人称单数在一般现在时中的用法规则，如主语是第三人称单数时，动词要加"s"或"es"等。

讲解与示范：

讲解新单词或语法知识后，要进行示范运用。如教完"animals"词汇后，可说："Now, let's make some sentences. I can say 'I see a panda in the park.' Can you make a sentence with the new words we just learned?"并稍做停顿，模拟学生回答后的评价，如："Very good! That's right."

对于语法知识，示范也很重要。比如在教完一般现在时第三人称单数后，给出一些例句让学生模仿造句，如："She reads books every day. He plays football on Sundays."然后对学生的回答进行点评。

（三）练习（约3~5分钟）

练习环节是巩固新知识的重要步骤。

口头练习：

在词汇教学后，可以进行快速反应练习。如展示动物图片，快速问："What's this?"让学生快速回答出动物的英文单词，然后说："Great! You are so fast."

在语法教学方面，可进行句型转换练习。比如在教完一般现在时第三人称单数后，给出句子："I go to school by bus."让学生转换成第三人称单数形式的句子，即"He goes to school by bus."并对学生的回答进行反馈评价。

书面练习：

如果时间允许，可在课件上展示一些简单的填空题或选择题。例如在词汇练习中，给出句子："There is a _____ in the tree.（cat/bird）"让学生选择正确答案并书写下来（可通过语言描述让评委知道你想象中学生的书写动作）。

在语法练习中，可给出句子："My mother _____（cook）dinner every day."让学生填上正确的动词形式（cooks），并对填写情况进行点评。

（四）总结（约 1~2 分钟）

总结本节课所学的重点内容，起到梳理知识脉络的作用。

可以说："Today, we have learned many new words about animals, like pandas, dogs, giraffes. And we also learned how to use the simple present tense with the third person singular. Remember, when the subject is the third person singular, we should add 's' or 'es' to the verb."这样简洁明了地回顾了词汇和语法知识的重点。

（五）作业布置（约 1 分钟）

布置作业要适量且具有针对性。

例如在词汇教学后，可布置作业："Please draw a picture of your favorite animal and write down its name in English."让学生通过绘画和书写进一步巩固所学词汇。

在语法教学后，可布置作业："Write five sentences using the simple present tense with the third person singular to describe your family members."使学生在实际运用中强化对语法知识的掌握。

三、英语微型课的重要意义

（一）教师专业成长

对于新手教师来说，上好英语微型课有助于他们快速熟悉教学流程，掌握教学环节的关键要点。在准备微型课的过程中，他们需要深入研究教学内容，精心设计教学步骤，这无疑能提升他们的教学设计能力。例如，一位新入职的英语教师在准备一节关于英语形容词比较级的微型课时，通过不断地琢磨如何在有限时间内清晰呈现比较级的构成规则和用法，让其对教材的理解和教学设计能力都得到了锻炼。

对于有经验的教师，微型课也是一个不断创新和反思教学的平台。他们可以尝试新的教学方法、教学手段在微型课中的应用，通过与同行的比较和评委的反馈，进一步优化自己的教学。比如，一位资深英语教师在微型课竞赛中尝试将多媒体互动游戏融入英语词汇教学，通过这次尝试，他发现了这种教学方式的优势和不足，从而在后续的常规教学中进行改进。

（二）教学选拔与竞赛

在教师招聘过程中，英语微型课是一种常见的考察形式。招聘单位可以通过微型课快速了解应聘者的教学基本功，包括教学设计能力、语言表达能力、课堂把控能力等。例如，一个学校招聘英语教师，通过让应聘者上 15 分钟的英语微型课，能直观地看出哪位应聘者能够清晰、高效地传授英语知识，谁能更好地营造课堂氛围，从而选拔出更合适的人才。

在教学竞赛中，微型课同样发挥着重要作用。参赛者需要在有限时间内展示出自己独特的教学风格、创新的教学方法以及扎实的教学基本功。比如在全国英语优质课竞赛中，参赛者们通过精心准备的微型课，展示了各种新颖的英语教学理念和实践，推动了英语教学的发展。

(三) 教学研究与示范

英语微型课可以作为教学研究的案例。教育研究者可以通过分析大量的英语微型课视频、教案等资料，研究不同教师在微型课中的教学策略、教学方法的应用情况，进而总结出有效的英语教学模式。例如，研究者通过分析多节关于英语阅读微型课，发现不同教师在导入环节、提问策略等方面的差异，从而提出更优化的英语阅读教学建议。

优秀的英语微型课还可以作为示范课程供其他教师学习。一些教育部门或学校会组织教师观看优秀微型课视频，让他们学习其中的教学设计、教学方法以及教师的课堂表现等方面的优秀之处，促进教师群体的整体教学水平的提高。

四、意义和作用

上好一节英语微型课需要教师充分认识其特点，精心设计教学步骤和结构，从导入、新授、练习、总结到作业布置等环节都要做到紧凑高效、重点突出。同时，英语微型课在教师专业成长、教学选拔与竞赛、教学研究与示范等方面都有着重要意义。教师们应该重视微型课的准备和实践，不断提升自己的英语教学能力。

NO.3

教 研 成 果 篇

英语学习方法五忌

学习英语方法各异，但通过多年的英语教学和学习，我认为学习英语最忌以下五点：

一、背单词不背句子

中国人学英语，最常用的方法是背单词，甚至有人以背出一本词典为荣。但是词典上的解释是死的，语言的运用却是活的，机械地理解会造成很大的误解。词典不是最重要的，关键在于语境。可以说，单词没有多少实际的运用价值，机械记忆的单词量再大，也不会真正提高你的英语水平。要养成背诵句子的好习惯，因为句子中既包含了发音规则，又有语法内容，还能表明某个词在具体语言环境中的特定含义。

二、不重视听力训练

语言是有声的，我们对语言的感受首先是语言的声音作用于我们的大脑。如果不练习听力，只是默默地阅读和背诵单词，其结果不仅听不懂别人讲英语，而且阅读能力也难以提高。有些人虽然重视听力，但练习听力时，却抱怨听不懂，因而丧失了听的乐趣，往往半途而废。其实，即使听不懂也是一种学习，只不过你自己觉察不到而已。虽然暂时听不懂，但你的耳膜已经开始尝试着适应一种新的语言发音，你的大脑在调整频率，准备接受一种新的信息代码，这本身就是一种质的飞跃。所以切记：听不懂时，你也在进步。

练习听力，要充分利用心理上的无意注意，只要一有时间，就要打开录音机播放英语磁带，使自己处于英语的语言环境之中，也许你没听清楚说些什么，这不要紧，你可以随便做其他什么事情，不用去有意听，只要你的周围有英语发音的环境，你的听力就会提高。

三、只学而不用

语言的实践性很强，如果只学而不用，就永远也学不好。我们学语言的目的是应用，要学会在应用中学习，这样才能提高兴趣，达到好的学习效果。学英语很重要的一项实践是用来和他人交流，但开口难也是中国人学英语的一大特点。问题出在以下几点：一是有些人把是否看懂当成了学习的标准。拿到一本口语教材，翻开几页一看，都看懂了，就认为太简单了，对自己不合适。其实，练习口语的教材，内容肯定不会难，否则没法操练。看懂不等于会说，把这些你已经学会的东西流利地表达出来，才是口语教材最主要的目标。二是千万不要用汉语来记英语发音。学习一门外语如果发音不过关，始终不会真正掌握这门外语，而且最大的害处是不利于培养对外语的兴趣，影响下一步学习。现在有人用汉语标注英语发音，比如把"goodbye"记作"古得拜"，甚至把这种做法作为成果出版，这样做肯定后患无穷。不敢开口的第三点是怕语法有误。没有具体问题，一般不要去读语法书，超前学习语法，那会使你如坠入云里雾里，丧失学习英语的乐趣和信心。

四、过分讲究速度和效率，不愿花时间经常重复（复习）已学过的内容

语言运用是一种技能，技能则只有熟能生巧，要不断重复才会熟练，只有熟练了才会形成一种不假思索的技能。

五、过分讲究方法和技巧，而不愿意下真功夫

语言运用是一种技能，但这种技能不是专靠技巧能够获得的。太讲究方法和技巧会被其占用很多的时间和精力，而对学习的内容本身投入较少的时间和精力，因此反而会影响学习的效果。方法和技巧只能适当利用，并且要从自己的学习实践中摸索出适合自己的方法和技巧才会真正管用。

初一学生英语成绩下滑分析及对策初探

在全面推行和实施素质教育的今天，英语教学在各年级仍不同程度地存在着这样的问题：一开始学习英语的人很多，越往后，学生感到越难学，老师感到越难教，致使学习英语的人越来越少。这给英语教学带来了不利的影响。造成这种事态的始因在于：英语真正开始下滑在初一下学期。究其原因主要有三个因素：

一、自身因素

刚进入初一的学生，由于好奇，他们对英语有很大的兴趣，他们愿意学、主动学，加上初一学期的内容较简单，因此绝大多数学生能跟着老师学。英语是一门语言艺术，需要经常练习、运用，才会进步，才不会忘记。经过一个寒假的遗忘，大多数学生对所学内容感到陌生，连常见的单词都记不住，也认识不了，尤为严重的是忘了所学的音标，导致不能拼读英语单词。再说下学期的内容较上学期要难点，严重者甚至会放弃该门功课，这是下滑的关键所在。

二、环境因素

经过一个学期的适应，从小学升上来的初一新生也不再

"新"了，他们对周围的环境熟悉了，此时平时对自己要求不严的学生会放松自己。有的学生慢慢地与本班或其他班级表现较差的学生来往，受他们的影响，认为英语难学，不如放弃不学。这部分学生上课不专心听讲，课后根本就不去读英语，不去记英语，出现这种苗头的学生如任其发展，要想学好英语是根本不可能的。

三、教师因素

有的教师为了完成教学任务，不切实际地生搬硬套，仍按"一课时完成一课"的要求进行教育教学。在农村中学，学生难以适应这种进度。其次，有的教师方法不当，只给学生"金子"，而不给他们"点金术"，致使本来不太愿意或有点想学的学生有一个很好的理由：不是我不想学，而是老师教得太快，我听不懂，所以我不想学英语了。

当然，除了上述三种原因外，也有其他方面的原因，但不管是这样或那样的原因，不及时采取措施，任其发展，足以能使学生不想学习英语，不想记英语，不想上英语课。为改变这一现状，作为英语教师，应做到以下几点：

（一）帮助、激励学生

作为教师，关心爱护学生，既要表现在思想上，又要表现在生活上，还要表现在学习上。学习是学生的首要任务，指导学生搞好学习是教师的教学根本。因此，教师要经常在学习上关心、爱护学生，帮助学生，指导学生搞好学习。这就要求教师要随时了解学生的学习情况，注意学生的学习动态，知晓学生的学习要求，使教师的帮助与指导能因材施教，有的放矢。如对好的学生进行激励，使他们再上一层楼，同时要求这一部分学生去带动其他同学的学习；对学困生要在激励的同时，多给予帮助，尤其对下滑的学生更加要多关心，多鼓励，使他们"悬崖勒马"，同时，还要切实加强对学生的课外辅导，激发他们解决疑难问题和查漏补缺的信心。这样，在老师的关心与帮助指导下，形成良好的学习氛围，哪有学不好的道理呢？

（二）夯实基础，促进教学

"千里之行，始于足下。"讲的就是要重视基础的作用。要想搞好以后的教学，必须打下坚实的基础。原因中指出：初一上学期学生们对学习英语是感兴趣的，并且也能学好，教师就应该趁此机会为学生打下相关的坚实基础。诸如音标、拼写规则、单词等，一定要把好"音标关""拼写规则关""单词关"，采取多种方式，千方百计地使学生掌握得扎实、牢固，以便以后的学习不至于吃"夹生饭"。如此这般，依次类推，各阶段基础牢固了，还怕学不好？

（三）讲究课堂艺术，提高教学效果

作为教师，应做到因人施教，对中等水平学生或者学困生，老师应格外关照，多与他们进行问答练习，鼓励他们多开口，大胆去说，去运用，与此同时应逐渐培养学生的自学能力。如可先让学生预习简单的单词，提升拼读能力，充分发挥学生的能动性；教师尽力创设情景教学，教师可根据需要自制教具，使学生身临其境地学习英语，学会运用英语。另外，英语书上的歌曲要教，该做的游戏要做，这样就能提高学生学习英语的兴趣。

总之，英语教学，教在前，学在后，只要教师认真采取措施，这种下滑的趋势是能控制的，从而使学生能更进一步学好英语，为他们下一步继续学习英语奠定基础。

英语教学中的精讲多练

精讲多练是实施素质教育、增效减负的一项重要教学措施。

英语课是听说读写的技巧实践课，而不只是单纯的英语知识的传授课。学生掌握英语的程度怎样，归根结底要看他如何熟练地运用所学语言，而不是看他懂得多少语言知识。心理学告诉我们，熟练的技能、技巧是通过长期实践练习而形成的近乎自动化的动作。因此，教师必须在教学过程中贯彻以学生为中心的教学原则，每堂英语课必须要有广泛的语言实践，让学生在语言实践中培养语言能力，而不是满足于教师的讲解。简而言之，就是教师要在教学中正确处理讲和练的关系，在教时体现教师的主导作用，在学时体现学生的主体参与。

教师要做到精讲，就必须吃透两头——钻研教材和了解学生，抓住教材的重点和学生的难点。重点和难点并不完全一致，某些语言点是这一课的重点，但并不一定就是学生的难点。如果是学生容易掌握的重点，教师就不必讲得太多；但如果是学生的难点，教师就应该多花些时间讲解，这就是精讲。至于多练，就是教师引导学生由知到能、由能到熟地训练，使学生巩固和熟练地掌握基本知识，为他们初步运用英语创造条件。我们大多数英语教师在教学中逐渐注意贯彻精讲多练的原则，但也有个别教师在教学中出现了偏差，把精讲多练变成了"少讲杂练"，结果与多讲多练的效果一样差。其原因就是没有很好地吃透两头，抓不住教材的重点和学生的难点。

在提倡多练的同时，我们强调要练得有法，决不能搞题海战术。现在有的教师把"多练"变为"杂练"，经常拉来一大堆练习题（其中有相当一部分是外地、外校的考题改头换面变来的）拼命地塞给学生，学生"练"得头昏脑涨，但英语的双基知识都没有掌握好，学生在练习上一错再错。这样的"多练"根本无法达到培养学生在口头上和书面上初步运用英语的能力。看来这些教师认为："多练"者，多多益善也。其实不然，多练的"多"，并非盲目地多，不一定越多就越好，而是应该紧扣教材的重点和学生的难点，精选练习内容。只有通过重复同一语言单位或常用搭配、典型句式，才能形成语言作为交际工具的牢固技巧，知识的迁移也就有可能实现。因此，我们与其提"多练"，不如提"精练"更好些。

以笔者之见，英语课堂教学过程中的练习应注意以下几点：

1. 练习内容和教材要紧扣本单元的重点和难点。教师应根据学情，善于选择那些学生既能答得出，又能促使他们不断进步和难易恰当的习题。

2. 练习程序和形式要符合学生掌握知识的心理过程。既要有利于学生智力的开发，又要有效地激发他们学习的积极性。

3. 练习不仅要有布置和检查，而且还要运用因材施教的原则，对部分学生进行个别辅导。练习必须配以讲评，帮助学生不断纠正错误，使知识系统化。

4. 练习的方法要经常变换，以保持学生对做练习的兴趣和积极性。只有他们感到有兴趣的东西，他们才会积极开动脑筋，认真思考，并以最有效的方法去获得知识，对英语学科更是如此。

事实证明，凡是精讲多练的课，学生的英语能力较强，知识也较巩固，教学质量就高。我认为，一般新授课，学生的活动人数应不少于全班总人数的75%；从每堂课的教学时间来看，学生活动时间的总量，不应少于每堂课总时间的75%。至于练习课或复习课，则英语的实践活动的人数和时间还应大大增加，有时学生活动的人数可达100%。课堂上应尽量采取实践活动，使学生基本获得口头、笔头交际的能力，就能减少课外的负担。

总之，精讲多练就是教师要讲得精练，用最简单的语言讲授学生自己无法解决的共性问题，花最大的时间帮助学生进行知识迁移，在突出听、说、读、写的训练过程中，培养并发展学生诸如联想、分析、综合、观察、想象以及适应等各种能力。

抓好英语教学机制

在全面推行素质教育的今天，为了给今后培养出高水平英语的专门人才，搞好中学英语教学是重中之重。从本质上理清"人"与"知识"的关系，构建以人为本、"改革教学方法"与"学法指导"合璧的教学机制，刻不容缓。

一、改革传统的课堂教学法

课堂教学是传授英语基本知识和技能的主渠道，搞好课堂教学是搞好英语教学的基础。传统的英语课堂教学，是以教师为中心"填鸭式"的"一言堂"。教师统治一切，把学生视为被动地接受教育的对象，看不到学生的主观能动性，也不注意培养学生的创新精神和实践能力，对学生进行着思维垄断。不断地个性钳制，扼杀了学生探求真理的动机和对知识的灵感，学生的思维在深刻的社会演变中竟没有多少突破。学生常在强制下接受知识，在乏味中死记硬背，在过量的作业中拼命地挣扎……

随着素质教育的实施，课堂教学为教师提供了一个大显身手的用武之地，要求教师必须改变传统的学生观，让学生真正成为探究知识的主体。教师高屋建瓴地发挥主导作用，把教学环节井然有序地连贯起来，驾驭好整个课堂教学流程，用精练的讲授和深入浅出的解疑，配合各项活动把语言形式与语言意义联系起来，通过大量的练习将知识变成学生习惯性技能，这些都体现出了"教师为主导、学生为主体、训练为主线、思维为主攻"的特点，从而真正达到发展学生潜能，提高学生素质的目的。

二、重视学法指导，使学生学会学习

要搞好英语教学，就必须注重学法指导。教育家魏书生说过："未来的文盲，不再是不识字的人，而是不会学习的人。"由此可见，进行学法指导培养自学能力成了素质教育的第一要事。只有重视学法指导，才能搞好教学。作为英语课堂教学也不例外。

（一）导心策略

积极的师生情感能创造出愉快的教学氛围，它既能激发教师的教学热情，又能熏陶、激励学生，使师生配合默契，最大限度地提高教与学的效率。著名教育家爱默生说："教育的秘诀是尊重学生。"热爱教育事业，就必须热爱学生、尊重学生，把教师的爱分给每一个学生。用自己的心灵和教育智慧去撞击学生美好的心灵，点燃学生热爱学习、热爱生活的心灵之火，扬起追求人生真谛的风帆。

（二）导动机策略

伟大的力量来自伟大的目的。学习动机是学生学习积极性的一个重要方面。为了使学生有一个学习英语的长久动力，学好英语，就要帮助学生树立远大的理想，因势利导地用伟大的理想激发他们的求知欲。同时，明确英语在生活中的重要性，利用英语学科的优势和特点，把育人和良好的文化素养统一在教学过程中，做到在教学中育人，在育人中教书，以达到搞好英语教学和塑造高尚人格的目的。

（三）导兴趣策略

兴趣是最好的老师。在教学中，教师应当设计出精妙的课堂教学流程：有吸引力的开头，波澜起伏的中部，留有韵味的结尾，促使学生保持积极乐观的心理状态。如：利用精彩的挂图、投影、直观的模型、实物等设置悬念；用抑扬顿挫的风趣比喻，使抽象的问题形象化；通过放飞无拘无束的想象和创造性思维，使结尾余味不绝。经过一次兴奋状态下知识的沐浴，学生的心灵便得到一次冶炼，能动的、潜在的创新表现和精神活力，便被诱导出来。如此才能在英语的沃土之中结出丰硕的果实。

（四）导意志策略

科学家调查表明：一个人能否取得事业上的巨大成就，在很大程度上并不取决于人的智力和客观环境，而是取决于他是否有坚强的自信心和意志力。要想学好英语，就必须把学生培养成一个意志坚强的人，要不失时机地利用英语对世界发展所起的巨大推动作用和广阔的发展前景来培养学生的意志力。也可以通过介绍古今中外的科学家、翻译家等以顽强的意志战胜困难，作出巨大贡献的曲折历程，培养学生与挫折作斗争的精神和坚强的学习意志，提高学生学习的自制力，培养学生良好的意志品质。

（五）智力活动与课堂教学法指导策略

首先，在教学中，教师要为学生创设问题情境，提供适当问题，发散他们的思维，启发学生思考。要鼓励学生用已有的知识和经验去推理、观察、寻求解决问题的方法，指导学生运用比较、分析、推理、综合、归纳等方法，灵活地解决发现的问题，开发学生的探究、发现、创造能力，搞好英语教学。其次，要明确英语课堂的具体学法，如怎样阅读，如何扩大单词量等，并引导学生把这些方法运用到实际学习中去，提高教学质量。

在信息全球化、竞争日益激烈的当今，随着我国加入 WTO，英语在社会中的作用越来越显著了。作为教师，我们不仅要以人为本高效地传授给学生更多的知识，还要让学生学会认知、学会做事、学会共同生活、学会发展。这是现代教育向教师提出的教学要求，也是构建以人为本、"改革教学法"与"学法指导"合一机制的主旨。

走出英语阅读误区，提高学生阅读能力

英语中的阅读理解能力是英语学习者必须具备的能力之一，也是全国中学生英语能力测试的主要题型之一，而且分值高、信息量大，既要求准确，又要求速度，因此，阅读在英语学习中有着举足轻重的现实意义和长远意义。笔者把多年的英语理论学习与近几年的具体教学实践结合起来，总结出在英语阅读中常存在的以下几个误区：

第一，一味地泛泛而读，囫囵吞枣。阅读应该精泛结合，先粗后细，既要从微观的单词入手，又要注意宏观的理解和把握，避免"只见树木，不见森林"的情况。阅读的重点在于理解文章的内容。

第二，只读容易的、面窄的文章。阅读面要广，量要大，多种题材都要涉猎，如童话、故事、文化、风情、科学技术、天文地理等。避免阅读体裁单一化，包括记叙文、说明文、应用文等。

第三，平时阅读一见到生词就查字典。阅读中不可避免地遇到一些陌生的词和短语，应尽量根据上下文的理解先推测词性，再推测词义范围，猜出词义，反复训练一定可以积累丰富的词汇量，提高猜词的能力。

第四，读完一篇忘一篇，像小猴子掰玉米棒子一样，最终收获甚微。读的目的在于学，学的目的在于用，学而不用不可称为学。阅读之后，自己写下感想或文章内容，这些都是很好的锻炼，不仅可以把原文的精华及写作优点等融会贯通变为自己的东西，同时也在阅读过程中起到了复习单词、短语、语法及句型等作用。

以上四个方面也只是"管中窥豹，只见一斑"。望能起到抛砖引玉的效果。对阅读过程中出现的误区应尽快避免，以早日提高阅读理解能力。下面就走出误区后，如何提高学生的阅读理解能力，简单阐述一下本人的观点。

首先，要重视语感的培养和学习。正确的阅读过程是让学生透过语言的符号，运用形象的思维再现，把语言符号所代表的新观念与自己的原有的认知结构中的适当观念建立起联系，并使原有的观念发生变化的过程。阅读过程是一个互动的过程，可以培养学生积极的主动思维及深层次理解作者意图和文章主题思想的能力。语感的培养与学习尤为重要。语感是对语言准确而又灵敏的感受能力，包括语音感、语法感、语义感，不仅仅限于对语言文字符号的感觉，而是由多种心理因素构成的语言感受能力。重视语感的学习，笔者认为并不是强调多读，要着眼于全面提高学生的素质，打好感受语言的基础，引导他们联系生活经验培养语感。平时指导学生阅读，要求他们提取段意，编制提纲，寻找中心词、关键句，多读多写，多体会、多运用。可以采取朗读、研读、速读的方式，使其在语言实践活动中得以形成与发展，并且这对于提高阅读理解能力有直接的作用。

综上所述，培养学生的语感是英语教学中的一个支点，而语感的强弱直接影响学生对阅读理解的效果，二者是密不可分的。所以二者可同步进行，在强化学生语感的过程中，逐步提高学生的英语阅读能力，这样才能取得更大的成效。笔者认为，要达到走出误区，提高英语阅读能力的效果，培养英语语感与阅读理解能力有必然的关系，即语感既是阅读的基础，又是阅读成效的体现。

其次，要培养中学生学习英语的兴趣。兴趣的大小直接影响学生的学习理解能力。教师可以通过活跃课堂气氛，鼓励学生勇于张口，以说带动兴趣，变学生被动学英语为主动想学英语。如：课堂可穿插一些相关的英语故事，介绍一些英语谜语及幽默笑话等；课外可组织一些形式多样的英语小品、演讲比赛、歌咏比赛以及英语角等活动。这样可以大大提高英语学习者的兴趣，同时也对阅读能力的提高起到了积极的作用。

总之，除了以上介绍的具体方法外，提高阅读能力还需要师生的共同努力，克服学习过程中的种种困难。因为阅读理解能力的提高是一条漫漫长路，非一日之功可达到，所以，为了达到教与学的和谐统一，让我们努力探索，继续前进吧！

提高英语听力之研究

听力是人们语言交际能力的重要方面。良好的听力技能和较高的听力理解水平都是英语学习者所渴望的。但长期以来对学生听力的训练并未在中学英语教学中得到足够的重视,听力历来是中学英语教学的薄弱环节。如何提高学生的听力,使学生在考试中取得好成绩,是广大师生极为关注的问题。针对这个问题,我根据自己在学习和教学中的体会和经验,总结出以下提高英语听力水平的方法,即多听、多谈、多读、多变化题材、多议论和多掌握一些听力技巧。

一、多听

练习听力应注意选材,听力选材应遵循真实性原则:一是内容的真实,即学生所听的内容必须是生活中可能遇到的真实情景;二是语言本身的真实性,即它必须是地道而自然的英语口语(而非书面语)。同时,要根据自己的水平选择合适的听力材料。低于自己水平的材料会使你觉得没有兴趣,浪费时间,不利于提高技能;高于自己水平的材料又会感到难度大,容易打消积极性,丧失信心。因此,初中学生最好选用与教材配套的听力材料。刚起步时,要尽量不看书独立地听,如果实在听不懂,再看看书。渐渐地，你就会入门并过渡到中级水平。

多听可采用"泛听"和"精听"两种方法。所谓"泛听"，就是把听力材料从头至尾听1至3遍，掌握其大概内容；所谓"精听"，就是在泛听后，把复述、猜测、回答问题等训练综合起来，听完一句，复述一句，复述一定要准确，切勿模棱两可。

听力训练要长期坚持，每天早上或晚上安排半个小时左右的时间。也许有的同学一开始连最简单的内容都听不懂，但不要灰心，这时可借助于手中的材料，先看后听，然后逐渐过渡到先听录音，后看材料。当然，能力高的同学还要不断发展到能收听英语广播，收看英语电视节目。

二、多谈

提高听力，还应多与别人交谈，如果能与英国人交谈更好。因为交谈不仅仅是谈，更重要的是听。只有先听懂对方的意思，才能表达自己的意图。无形中强迫你仔细地听，积极地去思考，这样才能清楚地表达。同时，语言形式在实际使用中变化万千，同样一个意思往往因人、因情景、因内容、因对象等的不同而以不同的方式和音调来表达。多谈，可以使思维顺着思路的展开而真实、同步地发散，而且谈话者在表达时也能始终牢牢地处于驾驭语言的主人地位。交谈还能使你从别人那里得到新词汇、新知识，纠正发音，从而达到以谈促听、以听带说的目的，不仅锻炼了自己的口语，也为听力训练打下了坚实的基础。

三、多读

英语是一门综合性语言艺术，不是单纯地"听"就能提高听力水平的，还必须大量地阅读。多读，更重要的是培养学生的词汇处理能力，主要包括以下几个方面：

1. 提高按拼读规则读单词的能力，以及根据构词法知识判断和记忆派生词及合成词的词义和词类的能力。

2. 根据"词不离句，句不离文"的词汇学习原则，提高根据上下文处理一词多义、熟词生义等语言现象的能力。

3. 能够留意一些与阅读理解密切联系的词汇及其功能，例如：替代词、衔接词、语法连接词、逻辑连接词的功能。

四、多变化题材

初中学生所学的英语一般是比较规范的，但每个地区所讲的英语各具特色，交谈者的语音、话速、语言清晰度及语言表达特点都各不相同。初中生应找几个不同版本的听力教材，熟悉不同版本的发音特点。如果平时只听一种或几种材料，换个新的语音、语速，就会很不习惯，影响理解。因此，当听力达到一定水平，就应多变化题材，这样才能熟悉不同地方的英语语言特点。

五、多议论

俗话说：三人行，必有我师。学习英语也是这样。几个人一起听英语，边听边复述，边听边议论，不清楚的地方可以相互讨论和补充，比一个人单独听效果好些，这样既掌握了内容，又节省了时间。大家都能听懂的句子就放过去，若是听不懂就多听几遍，讨论一下，便能很快捕捉到语音并拼写出单词，再弄清它的意思，渐渐地，听力中碰到的生词会越来越少。

六、多掌握听力技巧

听力技巧实际上就是对英语会话和语言表达方式的一般规律和方法进行的总结与归纳。它包括语言、句型、时间、条件、描述、习惯用语等诸多方面。下面谈几点我对听力技巧的一些认识和理解。

1. 辨音和连读：要能辨别元音、辅音、长短元音、连续和同化。尤其是连续和同化有相当部分学生开始根本难以辨别。

2. 否定：在听的过程中要特别注意否定不仅仅是"no""not"等词，有些本身有否定意义的词也要注意听好。同时注重双重否定在意义上是表示肯定。例如：barely, hardly, scarcely, seldom, fail, little, few, miss 等。

3. 计算：在听清数字的基础上进行简单的加、减、乘、除四则运算。熟悉掌握倍数、比率关系的词，例如：third, three, times, half, double, twice, quarter 等。理解其含义时，形成一种自然的条件反射，而不会在句子中产生思维停顿，影响听力速度。

4. 时间：在听的过程中注意表示事件发生先后顺序的单词，判断动作发生的先后时间顺序。例如：before, ago, after, in, not…until…, ahead of, sooner, then, later 等。

5. 让步：在听的过程中应注意表示让步关系的词，明确说话人表达的真实意思和感情。例如：although, even, though, in, spite of, despite, nevertheless 等。

6. 预测：语言交际离不开语境。比如：在学校，常出现教师与学生的谈话，内容常为学习、考试、作业等问题。我们可以预测对话的语境、人物身份及对话的大体内容。

总之，提高听力水平的过程是综合训练和实践的过程。听的能力不仅与听的题材、技能、环境及词汇的熟练程度有关，而且与听者本身的知识面及思维有着密切关系。我相信，只要持之以恒，你的听力水平一定会很快提高的。

对话教学与初级英语教学初探

语言是人和人交流的重要工具，在人类的第二语言学习中，交流应用既是学习的目的，也是学习的重要途径。美国学者克瑞森在他的外语习得理论中指出，发展外语能力主要依靠两种途径：语言学习和语言习得。这里，所谓语言学习是指有意识地学习外语知识，而语言习得则类似儿童习得母语的过程，通常是在大量语言信息的刺激下，通过语言的自然交流获得的。克瑞森认为习得比学习更重要。只有通过语言习得这一环节，学习者能真正摆脱母语的"羁绊"，自然地运用英语表达思想，进行交流。

本人在英语的学习和初级英语的教学实践中也有相同看法，非常同意克瑞森的这个观点，尤其在初级英语的教学中，语言习得更为重要。在课堂教学过程中，对话教学在初级英语教学中更为重要，对话教学在初级英语教学中的地位也就显得极为突出。

近几年使用新教材后，过早掉队的中学生中，大多是学习方法不对路引起的。他们不愿意大声朗读，不愿意和别人进行口语交流，也不重视听力训练，尽管在同一教室学习，结果却完全不一样。这些学生受其他课程学习方法的影响或受到英语传统教学观念的影响，尽管写和看的能力较强，但听和说的能力却很差。

实践证明，这样所学的英语在毕业后不能很好地适应工作的要求和进一步深造的需要。从人类学习语言的角度来讲，学生如果不能把学到的语言知识进行熟练的交际运用，则这种知识仍然是呆板的。

怎样在课堂教学中加强对话这一教学环节呢？本人在课堂实际教学中有许多形式，常用的有以下几种：

1. 教师和学生之间的对话。教师一般根据教材的需要和学生进行自由的对话交流，这种形式可以起到示范的作用；在教材之外的交流，如课堂提问、布置作业、宣布通知、了解情况等，都可以不择时机地加以运用。从教师做起，创造使用英语的环境和习惯。

2. 学生和学生之间的对话。由教师指定或自由组合的两个或三个学生之间进行。这种形式在教学过程中往往占主要地位，学生可以得到全方位的训练，而且实践机会多，效果好。

3. 看图对话。教师选定图画场景，让学生根据图画要表达的情景自由对话，必要时教师也可参与其中，加以引导和启发。这种形式可以培养学生的想象力和实际应用的能力，能极大提高学生的兴趣。

4. 表演式对话。教师选择合适的故事，由若干学生参加表演，其他学生注意听、注意看，并加以评价。这种形式能活跃课堂气氛，激发每一位学生的参与意识，增强学生的动力。

5. 自由对话。教师拟定一个话题，学生参加讨论和辩论，其中多为表述、提问、回答。这种形式能培养学生的创造性和主动运用语言的能力，以点带面，自发确立学习的目标。

在对话教学过程中，发现一些值得注意的问题，若能避免，则对话教学能发挥最佳的作用。具体总结如下：

1. 避免背书式对话。在课堂教学中发现不少学生把对话和背诵等同起来，过分依靠记忆去对话，而不是依据情景的需要自由发挥、自主组织对话内容，不是语言的自然流露，没有把语言当成生活中的一部分。这就达不到预期的效果，当然这需要一个过程和教师的合理引导。

2. 注意先易后难。在开始时，出现错误和表达不准确往往是难免的，起初不要过分苛求，重要的是多鼓励学生积极参与，大胆地运用英语表达思想，重在开口说英语。在实践运用英语的过程中逐渐追求表达准确，力求纠正所犯过的错误，并进一步提高流利程度。

3. 尽可能创造真实场景。克瑞森认为"教学外语实际上是为学生创造全部或部分的所学语言的环境"。教师真正充分创设运用语言的环境，学生的语言才能有感而发。

4. 注意长久保持。良好的作风需要长久坚持，才能见到效果。如果为了应付考试而对此缺乏持久热情，最终会半途而废。教师此时应注意引导学生克服片面的学习观点，尤其是英语的教与学，更应避免应试教育的影响，抛开眼前的分数，学一口流利的能派上用场的英语。

5. 注重能力培养。教师在教材内容的基础上，可适当增加类似对话，扩充课本知识，使教材的内容起到举一反三的作用。

6. 注意说与写相结合，防止顾此失彼，进入会说不会写的误区。

近年来，这种对话教育的探索，使学生在大量语言信息的刺激下，通过运用所学语言的自然交流，不仅激发了学生对英语的学习兴趣和信心，英语成绩也有较大提高。英语课堂一改过去那种单调的气氛，使枯燥的学习变得生动活泼起来。经过多年实践，本人总结对话教学有如下几点值得肯定：

1. 对话教学加强了学生之间运用英语进行交流的机会，互相促进，互相学习提高。

2. 对话教学加强了学生与教师之间的交流，从感情上更加融洽了师生之间的关系。

3. 对话使学生感到了所学有所用，联系实际加强感性认识，明确了学习的目的性。

4. 学生正处于活泼好动的年龄段，喜爱交际，这种学习方式符合初中生的天性，所以能调动学生的学习积极性，能充分参与这种实践活动。

5. 互动式教学能使学生精力集中，极大地提高课堂教学效率。

6. 这种形式的教学既培养学生的交际能力、提问能力，又促进了学生创新能力，同时也提高了学生的反应能力。

怎样有效地培养学生的英语语感

英语的语感对英语教学和英语的运用起着重要的作用。英语语感是人们对英语这种语言的感觉,它包括人们对英语的语音感受、语意感受、语言情感色彩的感受等。它是人们对英语语言的直接感知能力,是人们对英语语言法则或语言组织方法的掌握与运用,是经过反复感性认识上升为理性认识的经验和体会。语感来自语言实践,又指导语言实践,正如球类运动员要打好球必须熟悉球性,游泳运动员要有良好的水性,搞音乐的人要有良好的乐感一样,要学好、用好英语,就应该具备良好的语感。人们在语言运用中有时感到看起来顺眼,听起来顺耳,说起来顺口,但又说不清其原因,这实际上就是语感在起作用。不同个体由于语言感觉能力和语言实践量的不同而存在着差异,因此有些人能从别人的语音、语调、说话时的表情和动作等准确地把握别人要表达的超出文字本身的含义。虽然语感随着语言实践的积累必然会产生,但教师认识到,语感存在着它的积极作用,采取有效措施去有意识地培养学生的语感,会加速学生语感的早日形成和优化。那么,在教学中如何培养学生良好的英语语感呢?

一、培养学生运用英语思维的习惯

在教学中教师要坚持"尽量使用英语，适当利用母语"的教学原则，以减少学生对母语的依赖性和母语对英语教学的负迁移。教师的教和学生的学都尽量不用母语为中介的翻译法，即使使用也应加强分析对比。要求学生使用英汉双解词典并逐步过渡到使用英语词典，这有利于学生准确掌握词汇的内涵与外延，因为用一种语言解释另一种语言不一定能做到一一对应、完全准确。教师都有这样的经历，即有些英语词、句用汉语很难解释，甚至会出现越解释越难的现象。在这种情况下，我经常给出一些包含该词、句的句子（或段落），让学生在具体的语境中去猜测、理解。所给出的语境应尽力和该词、句所处的语境相似，而且是学生熟悉或容易接受的，这样既可以给学生的理解以铺垫，达到帮助学生掌握理解词、句的目的，又能增强语言实践的量，也能有效地提高学生的英语理解能力，有助于培养学生运用英语思维的习惯。

二、增大学生语言实践的量

我认为不仅阅读应有精泛之分，听、说、写也应有精泛之分。"精"的教学能有效地帮助学生迅速掌握语言规律，提高他们的语言实践能力。"泛"的教学有助于学生更加牢固地掌握规律，也可以增加学生对未知语言规律的感性认识，为以后的语言规律的学习和掌握奠定基础。这样既能提高语言的复现率，帮助学生消化吸收语言知识，提高语言运用能力，又为他们体验领悟语言创造机会。幼儿学会母语的事实能充分说明"泛"的重要作用。在"泛"的语言实践中，学生出现错误是在所难免的，要通过"泛"与"精"相结合的实践让学生去发现和认识错误，逐渐纠正错误，以达到掌握语言的目的。当然，"泛"不等于"滥"，教师应给予学生适当的指导和帮助，让学生"泛"的实践尽量在学生的能力和水平范围之内。

三、培养学生善于积累的习惯

大量背诵古文是过去人们学习汉语的常用方法，现代语言学习的理论也告诉我们大量的语言输入能为语言的输出创造可能性，这些都是告诉我们积累在语言学习中的重要性。教学中，教师应要求学生养成记笔记的习惯，让学生随时注意记录一些有用的词、短语、精彩的句子和短文，还要让他们经常翻阅或背诵，并多加模仿运用，使优美的词、各种表达方式、写作技巧烂熟于心，为提高语言运用能力和培养语感奠定坚实的基础。

四、创造学生学习英语的环境和氛围

正常幼儿都能逐渐学会母语，能分辨词的轻重，语调的高低，这有力地说明语境对语感培养的重要作用。学习英语除了学生自己要经常练习外，还应有良好的环境和氛围，多给学生创造一些无意识记忆和英语学习环境，如学校或教室的标语可用英汉两种语言书写，学校可办英语墙报、英语广播、英语角等。还可采取学科之间互相渗透的办法，如联系理科中许多公式的字母代号是相关英语单词的首位字母来教单词。这样学生学习其他课程的过程，有时也就成了学生进一步理解和深化英语知识的过程，其他学科的某些知识点，就成了诱发学生复习英语的因。

五、运用音形结合的方法，适时进行音标教学

在教学中，我们经常发现有些学生用汉语或汉语拼音给英语单词注音的现象，这不利于学生准确地听说英语，不利于学生掌握单词的音与形的联系，不利于创造英语语境。学生说出来的英

语汉语味很浓，听起来别扭生硬，严重影响学生学好英语的信心，严重挫伤学生学习的积极性。在学生开始学单词时，可以结合单词教学进行音标教学。在教学中，教师可经常运用彩色粉笔，用同一种颜色的粉笔分别写出单词中的某一字母或字母组合以及与此相对应的音标。这样可以形象地帮助学生把字母与读音联系起来，从而加强音形联系。要求学生在需要注音时必须用音标，而不能用汉语。用音形结合的方法进行音标教学，学生不仅能顺利准确地给单词标音标或根据音标读准单词，而且还有助于学生在听到读音或说出、想起读音的情况下，准确地写出或在头脑中反应出该词的拼写形式，并能够准确读出单词，这对培养学生的语感很有好处。

六、帮助学生了解中西方文化差异

语言是交际的工具，不了解交际对象的文化背景，势必会让交流产生歧义，也就不可能有效地培养学生的语感。人们常说的汉语式的英语是指仿照汉语的表达习惯和方法产生的不符合英语表达习惯的句式或表达方法，其中就包括由于没有考虑到中西方文化差异而出现的貌似正确实则错误的表达。不了解中西方文化差异，我们就不能做到确切理解英语和用英语正确表达思想。

七、重视对学生的学法指导

"教师的教是为了达到不需要教的目的。"教师要注意教给学生获取知识的方法，只有学生掌握了独立学习的方法，才能达到教师"不教"的目的。如学生的泛读应运用默读的方法，这样有助于提高学生的阅读能力，要求学生在泛读时要兼顾速度和理解的准确度。精读可采用先默读，之后再朗读和背诵的方法。朗读对培养学生的语感很有作用，朱熹曾说过：凡读书，须要读得字字响亮，不可误一字，不可少一字，不可多一字，不可倒一字，不可牵强暗记，只是要多诵数遍，自然上口，久远不忘。

　　总之，语感是一种难以名状但又实实在在存在着的非常有用的对语言的感觉。教师不能忽视学生语感的培养。搞好英语课本的教学，是培养学生良好的英语语感的必要前提，除此之外，教师还应在符合教学大纲的前提下，充分发挥自己的主观能动性，采取有效措施，有意识地培养学生良好的英语语感。

培养良好的学习习惯，提高课堂学习效率

课堂是学生学习的主阵地，学生所学知识的 80% 要靠课堂教学来完成。要提高英语课堂教学效率和学生英语成绩，就要注意培养学生良好的英语学习习惯，尤其注意下面几种学习习惯的培养。

一、培养学生课前预习的习惯

课前预习新课内容，解决生词，理解大意，发现问题，可以确保上新教学内容的实践、演练，提高课堂听课效率和记忆效果。从而使学生增强学习兴趣，变被动学习为主动学习，提高自学能力和独立思考能力。

要培养学生预习的习惯要有具体的要求。首先，领会课文大意，把课文大意写在预习本上，可以用自己的话叙述，也可以摘抄文中原句。其次，结合课文注释顺读课文。再次，把生词和教材中难以理解的句子抄到预习本上。这个抄写的过程也是一个思考和再认识的过程。对于预习情况，教师要及时监督检查。对于预习认真的学生要进行表扬。

二、培养学生认真听课的习惯

要求学生上课专心听老师和其他学生的讲解与发言，充分理

解所学内容。针对有的学生注意力容易分散的毛病，教师应注意当堂检测学习效果，可以采用问答方式或出几个与本节内容有关的练习题，使学生认识到老师所讲的内容和要求操练的内容都是自己应该掌握的东西，帮助他们明确每节课的学习目标，引起注意，提高效率。对于基础好的学生，要告诫他们上课每时每刻不能放松对自己的要求，不要满足于别人会的我也会，要给自己设立较高的学习目标。这样才不会浪费课堂上的时间，真正提高学习效率。比如朗读课文，不要觉得自己会读了就无所事事，要争取做到别人会朗读我会背诵，甚至背熟。

三、培养学生主动参与课堂活动的习惯

我们知道英语不是理解型课程，不像物理、化学一样听明白就行。也不是知识型课程，不像历史、地理一样理解记住就完成任务了。英语是技能型课程，学好英语的关键是多操练、多实践，多听、多读、多说、多写才能形成技能。它就像玩游戏或打字一样，需要一个熟练的过程。

但是，我们在日常生活中，英语实践机会很少，再加上学生学习任务重，没多少时间参加课外英语活动，所以上课的实践机会就尤其重要，要使学生都能够积极参与课堂活动，教师应注意以下几个方面：

1. 教师应注意尊重学生的人格、情感、个性差异和智慧潜能，形成民主、和谐、融洽的师生关系，构建宽松、和谐、愉快的教学氛围。

2. 教师应用英语组织教学营造英语氛围，激发学生用英语交流的欲望，使学生尽可能多地用英语表达思想。

3. 教师在教学中，要鼓励学生用英语回答老师的提问。对举手的同学，尽量给他们展示才能的机会。尤其对口头表达能力差的学生和性格内向的学生要多表扬，多鼓励，培养他们参与的热情。

4. 教师应精心设计有利于学生积极参与的生动活泼的教学情景，要给学生自主活动的时间和空间。比如：安排一些有趣的短剧表演激发学生的学习兴趣。表演后评选出最佳剧组、最佳演员、最佳语音等奖项，满足初中生强烈的表现欲望，让学生体验到成功的快乐。

5. 教师要避免喋喋不休，以教代练"满堂灌"，压抑学生的热情和积极性。可以精心设计一些问题，启发学生思考，发挥学生主观能动性和参与意识。如学习 JEFC BooK（A）37 课时，学生听完录音后可以提问 Who is Erik? Who is Li Weiyin? Why do they cell their band "Yesterday"? 等使学生更加投入地进行下一步训练。

6. 教师可以开展让学生作值日报告、讲故事、复述课文、做游戏等多种形式，促使学生参与课堂活动。值日报告可以自由命题，谈与自己、朋友、家人或学校有关的话题。也可以讲与课文有关的内容。还可以让学生讲故事，教师可先讲，然后再让学生讲。例如学完第 10 单元后，老师可以先以 Elsa 的身份讲故事，然后让学生以 Erik 的身份讲故事。复述课文可以培养学生准确灵活运用语言的能力。为避免学生把复述课文变成背诵课文，教师应做示范复述然后给出关键词、教学图片、给出故事发生时间等帮助学生复述课文。做游戏可以培养学生的参与意识，让他们体会到参与的乐趣。如学了初二上册 23 课 Who has the coin? 后，找出 6 个平时最不爱参加活动的同学上台按照老师的要求做动作，台下的同学提出问题，气氛格外活跃。总之，在课堂活动中教师要注重学生的情感、意志、性格等心理素质的不断完善，帮助学生克服心理障碍。教师要鼓励大家，开口就是成功的一半，逐步在语言实践中锻炼能力、树立信心。

四、培养学生认真完成作业的习惯

要让学生做到这一点，除了要严格要求外，教师要注意精选练习题。要选一些有代表性的，与本节内容有关的练习题。练习求精不求多，避免过多的简单重复造成的学生的厌烦情绪和时间浪费。如果需要练习的内容较多的话，可以通过化整为零，分散练习。另外布置作业的时候可以分层次。把学生分成 ABC 三个组，各做各的题或根据自己的水平自由选择习题练习。

五、培养学生主动复习的习惯

定期复习，温故知新。尤其课前复习对于领会和掌握新的语言知识，提高课堂效率非常重要。为克服部分学生不能及时复习的缺点，教师可采取具体措施。

例如，每天早读时间由组长领读本单元生词以及上周所学单词，并且定时听写。课堂提问除提问上节所学内容外，还应包括上周这一天所学内容，促使学生复习。当天所学内容晚上回去在脑子里过一遍，并用几分钟时间讲一遍，或第二天早读前给同学讲一遍。期中、期末考试前一个月制订复习计划。

总之，良好的学习习惯是提高课堂教学效率的基础，因此，教师在日常教学中要注意培养和引导，从而更好地发挥课堂这个主阵地的作用，提高学生的成绩。

谈"低起点、多层次、高要求"三步教学法

素质教育是"适应每一个学生的教育",素质教育的课堂,就要"让每一个学生感到学习是一种需要与愉快",而英语课堂教学更是一种需要学生参与的语言实践课。但是随着年级的增加,知识容量的加大,学习水平不同的学生之间差异越来越明显。因此,在课堂教学中,采取"低起点、多层次、高要求"的教学模式有助于缩小学生之间的差异,让大家共同提高。"低起点、多层次、高要求"的教学模式,是指在课堂教学中,在承认个体差异的前提下,因材施教,使知识的发生、发展规律与学生的认知规律有机地结合起来,同步进行,让各层次的学生在课堂里既有所得,达到基本要求,又能使他们的智能尽量得到发展,使部分学生达到更高要求。

在教学过程中,实施"低起点、多层次、高要求"的教学做法,首先,要正确恰当地处理教材,按照不同的程度确定不同层次的教学目标。如对不同水平的学生,精心设计配置相应的具有启发性的问题,基础题、中档题、提高题,使中等水平及偏下的学生完成前两种基本题,达到基本要求,以训练他们的技能技巧,发展他们的思维能力,提高他们各个方面的素质;对中上水

平的学生，尤其是学优生则要求完成中档题、提高题，达到较高要求，训练他们灵活运用知识，分析解决问题的能力，培养和发展创造性思维能力，提高他们的素质。其次，备课时要确定"基本型"题为"基本量"，"提高型"题为"调控量""备用量"，并在课堂教学中控制题量。一般地讲，当教师的启发讲解与引导能调动学生学习的积极性和主动性时，"基本量"的完成较顺利，但关键是在教学时间允许的情况下，要抓住有利时机，将知识的内在规律总结出来，提高学生分析、解决问题的能力和发展思维的能力，培养素质。如果课堂教学中，因某种原因，造成学生的思维积极性不高或思维受阻，教师应平心静气，想方设法调动学生学习的积极性，做好铺垫与过渡，使学生基本上理解和掌握本节课知识的基本内容，确保"基本量"的完成；此时，可将"提高型"题作为课后思考题或练习题。备课时，应该灵活巧妙地把"提高型"题和"基本型"题结合起来，让"基本型"题也呈现出层次性。在课堂教学中，"提高型"的题目更应该不失时机地在"基本型"题中加以渗透。

"低起点、多层次、高要求"的教学是一种因材施教、"保底不封顶"的教学模式，它具有以下优点：

1. "低起点、多层次、高要求"的教学模式，具有面向全体学生实施素质教育的优点。低起点是指在起始阶段，每一个学生都能积极地投入到教学中来，学困生也能学有所得，智能得到发展，从而调动了每一个学生的学习积极性，确保了"基本要求"的完成，因而该教学模式符合当前学生的实际。

2. "低起点、多层次、高要求"的教学模式，要求教师在教学中要根据不同层次学生的实际，并按照语言学习循序渐进的原则，设计和实施课堂训练活动。活动安排由浅入深，由易到难，层层发展，层层递进。训练活动分为操练（Dvill）→实练（Practice）→巩固（Consolidation）三个层次。三者之间既相对独立，又相互统一。它们有以下特征：

第一层"操练"属于机械控制式训练活动。活动由教师掌握和控制。其目的是帮助学生熟悉新教语言项目的书面和口头形式，使学生初步形成新的语言习惯。本层次的活动宜简单可行，所设计的问题学生应无须过多思考便可以回答，但是训练的密度要大，频率要高，要使学生处在紧张而又热烈的气氛之中。这一层次教学常用的训练活动形式是听词辨音、听录音回答、跟读、朗读、背诵、链式回答、词汇替换、词性转换、句型变换、单词拼写比赛等。

第二层"实练"为半控制式的意义性训练活动。教师应充分发挥指导和监督作用，给予学生较宽的理解和思维空间，让他们各尽所能，各有所得。这样做的目的是在第一层活动的基础上，把熟悉语言形式和掌握语言意义有机地结合起来，帮助学生加深对新语言的理解，巩固新语言的习惯。实练活动节奏相应放慢，频率放低，但活动仍需活泼和热烈。这一层教学常用训练活动的形式是听句辨义、模仿对话、提问、翻译、造句、复述、转述、接力回答、看图回答、看物回答、扩展句子、组合句子。

第三层"巩固"属于自由式的交际式训练活动。自由式是指教师完全放开对学生的控制，由学生根据自己的意思和想法完成有关活动。此层次的目的是试图将以课本为中心的训练活动向以生活为中心的训练活动转化，使学生在多种模拟交际情景中，运用所学知识解决实际问题。这一层常用的训练活动形式是：角色扮演、分组讨论、虚拟情景回答、猜测词义比赛、模仿写作、谈论图片、评价人物等。实行多层次的教学，避免了简单重复，增大了课堂的教学容量，提高了课堂效益。随着教学活动由低到高发展，学生探究能力的增强，学困生逐渐向中等生转化，中等生将向优生转化，能大面积提高教学质量。

3. "低起点、多层次、高要求"的教学模式，要求教师讲课层次分明，梯度适当。课堂教学容量大，将对学生学习方法的指导寓于课堂教学层次的安排之中，使学生的思维得到充分、有效的训练和提高，如能与纵横知识相联系，与其他相关的学科相结合，则有立体式教学法的优点。

4. "低起点、多层次、高要求"的教学模式，要求教师备课时，能恰当地确定教学的起点，合理地安排各层次的要求，设计或选配好相应的知识内容、例题和练习题。所有这些都是一种创造性劳动，再加上还要加强反馈，适当调控，搞好课堂的组织管理，这无疑对教师的要求是相当高的，从而促进教师必须钻研教材，充分了解学生，不断改进教学方法，同时也促进了教师素质的提高。

NO.4 班级管理篇

中途接班给我的启示

2007年，由于工作的需要，我接任85班班主任，学生很快就要毕业了。相处时间极短，这些孩子将和我分别。带他们将近一年，心里便有了许多的不舍，但是谁也不能阻挡时光的流逝。反思大约一年的相处，感受颇多。翻阅这段时光的教育随笔，酸甜苦辣咸五味俱存。回忆串串故事，咀嚼孩子们的喜怒哀乐，无限感慨油然而生。

有一点却不得不说，这一年的班主任生活和以往有太多的不同，值得书写的实在太多了。取其中几个要点，作为那段时光的写真，或称之为启示。

一、迈出最有创意的一段路

每一种教育手段的实施，无疑是学生感受教师处理问题的过程。如果被孩子接受，那么，成功级数又提高了一些；如果不能接受，就要找机会改变。每一个班级都由水平参差不齐的学生组成，出问题的概率自然很高，特别是老换班主任的班级，因为教育思想的不连贯，时常出现一些意外也在情理之中。

在处理突发事件的时候，我从不按常理出牌。我认为任何人的成长，都需要好奇来刺激神经。学生在接受教育的时候，也需要好奇来不断刺激成长的神经。不按常理出牌的教育手段，学生会觉得新且奇，更具亲和力，还能为班主任增加不少印象分呢。

班上有一个叫张某某的学生，平时喜欢迟到，上课精神状态差。一次他突发阑尾炎，住了院。得知这个消息后，我交代班委会以班级名义买水果去看望他，他有很大的震撼——之前他总认为自己在同学生们心中是另类学生。这之后，无论是在纪律，还是在待人方面，他都有了很大的改变和进步。

其实，这就是不走寻常路的教育手段所带来的效果。因为给学生带来了心灵上的抚慰，引发了他们深深的思索，这远比我们自以为是的苦口婆心效果要好得多。很多时候，走走新颖的路子，或许会收到出乎意料的惊喜。

二、低姿态进入，高姿态发展

作为一个刚换班主任的班级的学生，面对新的班主任，他们有什么样的态度呢？这可能不是三言两语可以解释清楚的。老师不同，教育风格肯定也不同，学生的态度和感觉当然也会五花八门。

总的来说，无非这么几种。一种是期待型的，期待新的老师用新的教育方法，来引导自己的班级，对老师充满期待；一种是观望型的，他们认为见过很多班主任，有过很多结论，一下子无法认定，要先看看再下结论，生怕希望越高，失望越大；还有一种随意型的，觉得谁来接班主任都无所谓，换汤不换药，都好不到哪里去，还能把我们怎么样呢？该玩的玩，该闹的闹。这些孩子中，最难处理的就是观望型的了，与班主任若即若离，期望值忽高忽低，老师一旦有什么不足，印象分下降的理由是够充分。而印象一旦形成，想要改过来，比登天还难。

我决定低姿态进驻班级，并一直用心寻找机会。直到开学第一个星期的大扫除，我用前所未有的高调的姿态亮相。一下子改变了他们认为的指挥大扫除就是老师的形象——我和他们一起在草地里清除杂草。高调展示的姿态，让他们大跌眼镜，直接冲击他们的心灵，并形成冲击波。震撼之后，他们接受了我，交流起来就比较容易了。

三、发现不足，适当弥补

每个人都有自己独特的教育风格，这风格在平时的教育中，通过这样或那样的教育手段直接反映出来。但是风格与风格之间存在不一样的不足，没有一种风格可以称得上完美。因此，在面对他人的风格的时候，我们应该善于发现其中的优点和不足，在尊重优点的前提下，弥补其中的不足。

我的前任班主任，有诗意，有柔情，有善良，且细致，我在总结了前任的优势之后，对照自己的性别特点和性格特征，找到了展现自己的界面——用女性的理性，不拘小节，敢于思考，介入到学生之中。

我冷静，我希望在孩子面前表现自己的时候，能看到自己的不足。我不拘小节，可以和孩子们一起在操场散步，一起进行蛙跳，也可以和他们一起打球，可以和他们一起聊过去的故事……

比如：刘某某同学，生性胆小、害羞。基于我平时表现出的自然的亲和力，她很愿意跟我聊天。去除心中的障碍，学习的压力，学习也变得积极主动，后来以优异的成绩考入了湖南第一师范学院。

我敢于思考，只要是有效果的，不管是否遵守所谓的教育规律，我都想去尝试。事实证明：这效果比想象中的好很多。

迎春中学全校学习委员经验交流会

主题：交流共进，助力学习

一、引言

在学校的学习管理体系中，学习委员扮演着至关重要的角色，他们既是老师教学工作的得力助手，也是同学们学习路上的引领者。为了加强学习委员之间的交流与协作，提升整体工作水平，促进全校学习氛围的优化，迎春中学组织了一场意义非凡的全校学习委员经验交流会。以下将详细介绍此次交流会的过程以及会后的心得体会。

二、召开经验交流会的目的和意义

（一）目的

1. 经验共享与交流

让各班级学习委员有机会分享自己在协助班级学习管理过程中积累的有效方法和成功经验，例如如何组织学习小组、怎样与任课教师高效沟通等，实现资源共享，使优秀的做法能在全校范围内得到推广。

2. 问题发现与解决

通过交流，收集不同班级在学习方面存在的困难和问题，大家共同探讨解决方案，避免各班级在学习管理工作中走弯路，提高解决问题的效率，更好地服务班级同学的学习需求。

3. 加强团队协作

增进学习委员之间的了解与联系，打破班级之间的壁垒，构建一个团结协作的学习委员团队，共同为营造良好的校园学习环境出谋划策、贡献力量。

4. 促进学校教学优化

为学校教务部门提供来自班级学习一线的真实反馈，便于教务部门根据实际情况调整教学策略、完善教学管理工作，进一步提升学校整体教学质量。

（二）意义

对学习委员个人成长：有助于提升学习委员的综合能力，包括组织能力、沟通能力、问题解决能力等。在分享和交流中，他们能够学习他人之长，补己之短，更加自信地履行职责，在班级学习管理中发挥更大的影响力，同时自身也能获得全面发展。

对班级学习氛围营造：优秀的学习管理经验得以传播后，能够激发更多班级开展形式多样的学习活动，调动同学们的学习积极性，增强班级凝聚力，使每个班级都能形成积极向上、互帮互助的良好学习氛围，进而提升全校的学习风气。

对学校整体教学管理：基于交流会上反馈的信息，学校可以精准地把握学生学习的实际状况，对课程设置、教学资源分配、师资培训等方面做出科学合理的决策，实现教学管理与学生学习需求的紧密对接，推动学校教育教学工作持续健康发展。

三、经验交流会过程

（一）开场致辞

交流会在学校的会议室如期举行，主持人是学生会学习部部长。伴随着热烈的掌声，部长走上台，热情洋溢地开场，介绍了出席此次交流会的学校教务部门领导、各班级学习委员以及特邀嘉宾，着重强调了本次活动旨在促进学习委员之间的交流合作，共同提升学校学习管理水平，随后宣布交流会正式开始。

（二）学校教务工作介绍

学校教务主任首先发言，通过精心准备的 PPT，向大家详细介绍了教务部门在学习方面所做的工作。

1. 课程设置优化

为了适应新时代教育要求和学生全面发展的需求，学校对课程设置进行了多轮调研和调整。在保证基础学科教学质量的基础上，增加了一系列富有特色的选修课程，如科技创新课程、传统文化鉴赏课程等，拓宽了同学们的知识面和兴趣领域，满足了不同学生的学习需求。

2. 教学资源整合

学校积极投入资金，更新教学设备，每个教室都配备了先进的多媒体教学设施，方便教师开展多样化的教学活动。同时，学校还搭建了在线学习平台，整合了丰富的优质教学资源，如名校课程视频、学科知识拓展资料等，供同学们课后自主学习使用，助力学习效果提升。

3. 教学质量监控

建立了完善的教学质量监控体系，采用教师互评、学生评教、定期教学检查以及成绩分析等多种方式，全面掌握教学情况。对于教学过程中发现的问题，及时组织教师进行研讨交流，改进教学方法，确保教学质量稳步提高。

（三）我们对于全校学习委员的工作要求

接着，教务副主任上台，向学习委员们明确了工作要求，为大家今后的工作指明了方向。

1. 学习管理方面

要细致了解班级每位同学的学习情况，协助任课教师做好课堂管理，如记录考勤、维护课堂纪律等。定期收集同学们在学习中遇到的问题和建议，及时反馈给老师，以便老师调整教学内容和进度。同时，积极组织各类学习活动，像学习经验分享会、学科知识竞赛等，激发同学们的学习兴趣和竞争意识。

2. 沟通协调方面

学习委员要充当好桥梁和纽带的角色，加强与任课教师、班主任以及学校教务部门的沟通联系。及时传达学校的教学安排、考试通知等信息给同学们，也要将同学们对教学的意见和想法如实反馈给相关部门和老师，确保信息传递的畅通无阻，保障教学工作顺利开展。

3. 自身素养方面

以身作则，在学习上严格要求自己，以优异的成绩为同学们树立榜样。不断提升自己的综合素质，通过参加培训、阅读相关书籍等方式，增强组织能力、沟通能力和解决问题的能力，更好地服务班级同学的学习。

（四）各学习委员发言

随后进入学习委员发言环节，各年级的学习委员代表依次上台，分享自己在班级学习管理工作中的点滴。

1. 工作成效

七年级的学习委员代表分享说，通过组织定期的学习小组活动，班级同学的整体成绩有了明显提升。在本学期的期中考试中，班级的平均分相较于上学期期末考试提高了 5 分，各学科的及格率也都有所上升，尤其是数学学科，及格率提升了 10%。而且，班级的学习氛围变得更加浓厚，课间主动讨论学习问题的同学越来越多。

八年级的学习委员则提到，他们班级开展了"一对一帮扶"计划，让成绩较好的同学与学习有困难的同学结成对子，经过一段时间的努力，班级的低分率明显下降，同学们的学习信心也增强了不少，在年级组织的几次联考中，班级的排名稳步上升。

九年级的学习委员表示，为了帮助同学们更好地应对中考，组织了每周一次的模拟考试，并邀请任课教师进行详细的试卷讲评。在最近的模拟考中，班级的上线率预估比之前提高了很多，同学们对中考也更有底气了。

2. 工作方法

七年级的学习委员分享了自己组织学习小组的经验，按照同学们的学科优势和薄弱科目进行分组，每组推选一名组长，负责制订学习计划、安排讨论内容以及督促成员学习。每周安排固定的时间进行小组讨论，针对本周学习的重难点知识进行交流，效果显著。

八年级的学习委员介绍了与任课教师沟通的技巧，每次找老师反馈问题前，都会先将同学们的情况进行详细整理，有条理地向老师汇报，同时也会积极听取老师的建议，回来后及时传达给同学们。并且会定期邀请老师参与班级的学习活动，增进师生之间的互动与了解。

九年级的学习委员则强调了营造学习氛围的重要性。通过在班级设置"学习之星""进步之星"等评选活动，每月进行一次表彰，激励同学们你追我赶，形成了良好的竞争氛围，有效提高了同学们的学习积极性。

3. 心得体会

大多数学习委员都提到，在担任学习委员的过程中，自己收获了很多成长。不仅锻炼了组织能力和沟通能力，还学会了如何更好地协调各方关系，解决问题。同时，也深刻体会到了责任的重大，看到班级同学因为自己的努力而在学习上取得进步，内心充满了成就感和满足感，但也意识到还有很多需要改进和提升的地方，希望能通过这次交流会向其他同学学习更多经验。

（五）存在的困难

在分享过程中，学习委员们也坦诚地说出了各班目前存在的困难。

1. 学习动力问题

部分班级反映，有个别同学学习动力不足，对学习缺乏兴趣。即使老师和同学们多次鼓励，依然比较消极，难以调动他们的积极性，这在一定程度上影响了班级的整体学习氛围。

2. 偏科现象严重

很多班级都存在同学偏科的情况，例如有的同学文科成绩很好，但理科的学习却很吃力。尽管组织了相应的帮扶活动，但由于学科思维差异等原因，偏科问题改善效果不太理想，还需要探索更有效的解决办法。

3. 学习压力调节

特别是面临中考的班级，同学们学习压力普遍较大，部分同学出现了焦虑情绪，影响了学习效率和身心健康。如何帮助同学们合理调节学习压力，成了一个亟待解决的问题。

（六）各班开展的学习竞赛活动

接着，各班级学习委员还介绍了各自班级开展的学习竞赛活动，为大家提供了不少借鉴思路。

七年级：开展了英语单词拼写大赛，采用个人赛和团体赛相结合的方式。个人赛通过限时拼写、单词接龙等环节考验同学们的词汇量和反应速度；团体赛则要求小组成员合作完成一篇短文的填空，重点考查团队协作和词汇运用能力。活动激发了同学们学习英语的热情，很多同学主动增加了英语单词的背诵量。

八年级：举办了物理实验操作竞赛，提前公布实验主题，同学们自行组队准备。比赛时，要求在规定时间内完成实验操作，并准确记录数据、分析实验结果。通过这个活动，同学们对物理知识的理解更加深入，动手能力也得到了锻炼，同时培养了团队合作精神。

九年级：组织了中考作文模拟大赛，按照中考作文的评分标准进行评选。同学们积极参与，认真构思作文内容、锤炼语言表达。赛后，邀请语文老师进行详细的点评和指导，帮助同学们提升作文写作水平，为中考作文备考打下了坚实基础。

（七）交流讨论与总结发言

在各学习委员分享结束后，进入了交流讨论环节，大家针对提出的问题和分享的经验展开了热烈的讨论，纷纷发表自己的看法和建议，现场气氛十分活跃。最后，学校教务部门领导进行了总结发言，对学习委员们的工作给予了充分肯定，鼓励大家继续发挥好桥梁作用，将今天学到的经验运用到实际工作中，共同努力为学校的学习管理工作添砖加瓦。同时，也表示学校会重视大家提出的问题，积极寻求解决方案，为同学们创造更好的学习条件。随着主持人宣布交流会圆满结束，大家带着满满的收获离开了会场。

四、心得体会

（一）个人层面

作为参与此次经验交流会的一员，我深刻认识到每个班级在学习管理上都有自己的闪光点和独特之处，也明白了学习委员工作的重要性和多样性。通过倾听他人的分享，我学到了许多实用的工作方法，比如如何更有效地组织学习活动、怎样与不同性格的同学沟通等。这些经验让我对今后的工作充满了信心，也让我意识到自己还有很大的提升空间，需要不断学习和实践，才能更好地服务班级同学。

（二）班级层面

这次交流会为班级学习管理工作带来了新的思路和启发。了解到其他班级在营造学习氛围、解决学习困难方面的成功做法后，我们可以结合班级实际情况进行借鉴和改进。例如，可以尝试开展一些更具创新性的学习竞赛活动，激发同学们的学习兴趣；对于班级存在的偏科问题，也可以参考其他班级的帮扶模式，调整我们的策略，争取让更多同学在学习上取得进步。

（三）学校层面

从学校整体来看，这样的经验交流会应该定期举办，形成常态化机制。它不仅加强了学习委员之间的联系与协作，更重要的是为学校教学管理工作提供了宝贵的一线反馈。学校可以根据交流会上反映的问题和建议，进一步优化课程设置、完善教学资源配置，为全体学生创造更加优良的学习环境。同时，也可以鼓励更多班级之间开展学习交流活动，促进全校学习水平的共同提升。

五、以后的计划和打算

学校教务部门表示会继续加强对学习委员工作的指导与支持，定期组织培训和交流活动，提升学习委员的专业素养和工作能力。同时，根据大家反馈的问题，组织教师开展专项研讨，研究解决学生学习动力不足、学习压力调节等问题的有效策略，并在全校范围内推广实施。此外，还会鼓励各班级之间开展学习竞赛活动的合作与交流，对表现优秀的班级和学习委员给予表彰和奖励，激发大家积极参与的热情，共同打造积极向上、充满活力的校园学习环境。

总之，此次迎春中学全校学习委员经验交流会是一次非常有意义的活动，让我们在交流中学习，在学习中成长，为学校的学习管理工作注入了新的活力。相信在大家的共同努力下，学校的学习氛围会越来越好，同学们的学习成绩也会更上一层楼。

2014 年 11 月 19 日

小议我的班主任工作

作为班主任，我深知自己肩负的责任重大。我不仅要传授知识，更要引导学生健康成长。以下是我在班主任工作中的实践和反思，我将围绕七个关键点进行探讨，并结合实际例子和名言名句，阐述我如何有效地开展班主任工作。

一、用无尽的师爱去感染学生，营造温馨班集体

我坚信爱是教育的基石。正如苏霍姆林斯基所说："没有爱，就没有教育。"我尽力用我的爱去温暖每一个学生的心灵，激发他们的潜能。例如，我发现一个学生因为家庭困难且有残疾的母亲而自卑时，不仅在物质上对他给予帮助，更在精神上对他给予鼓励，三番五次地找他谈心并进行家访。让学生感受到了班级的温暖和我的关爱，从而变得更加自信和开朗。

2019年，我们班的小李因为家庭原因，学习成绩下滑，情绪低落。我注意到这一点后，主动找他谈心，了解他的困难，并为他提供了一些经济援助。我还鼓励他参加学校的兴趣小组，帮助他找到自己的兴趣和特长。几个月后，小李不仅学习成绩有了显著提高，人也变得更加自信和快乐。

二、塑造自身形象，赢得学生信赖

孔子曰："其身正，不令而行；其身不正，虽令不从。"我深知自己的一言一行都会成为学生模仿的对象。因此，我严于律己，公正无私，赢得了学生的尊重和信任。例如，我坚持每天早到校，晚离校，这种敬业精神深深影响了学生，使得班级纪律严明，学习氛围浓厚。

有一次，我们班进行大扫除，我亲自拿起扫帚和抹布，和学生们一起打扫卫生。我的行动感染了学生们，他们也纷纷行动起来，班级很快变得干净整洁。这种以身作则的行为，让学生们更加尊重我，也更加愿意听从我的指导。

三、塑造班集体形象，加强集体主义精神

集体主义是班级凝聚力的源泉。我通过组织各种集体活动来加强学生的集体荣誉感。例如，我带领班级积极参与学校的运动会，每个学生都为了班级的荣誉而努力，最终获得了团体总分第一名，这不仅增强了班级的凝聚力，也让学生体会到了集体的力量。

在2013年的校运会上，我们班的学生团结一心，每个人都为了班级的荣誉而努力。我们在接力赛中取得了优异的成绩，这不仅增强了班级的凝聚力，也让每个学生都体会到了集体荣誉感的重要性。

四、培养自律精神，严格要求自己

自律是个人成长的关键。我通过自己的行为和班级规则来培养学生的自律精神。例如，我制定了一套详细的班级管理规则并带头遵守，学生在这种氛围中逐渐学会了自我管理，班级秩序井然。

我设立了"每周之星"的评选活动，表彰那些在学习、纪律、卫生等方面表现突出的学生。这个评选活动激励了学生们自觉遵守规则，培养了他们的自律精神。

五、培养学生自信心，相信自己是最棒的

自信是成功的前提。我通过鼓励和表扬来培养学生的自信心。例如，我发现一个学生在英语学习上有困难时，没有批评，而是耐心辅导，并在学生取得进步时给予表扬，这让学生逐渐建立起了自信，学习成绩也有了显著提高。我们班的小曹在英语学习上遇到了困难，我注意到了这一点，并主动提出帮助他。我利用课余时间为他辅导，并在他取得进步时给予表扬和鼓励。几个月后，小曹不仅英语成绩有了显著提高，人也变得更加自信。

六、培养学生勤奋学习的精神，提高自我

勤奋是学习的基础。我通过各种方式激发学生的学习热情。例如，我设立学习小组，鼓励学生相互帮助，共同进步，这种合作学习的方式极大地提高了学生的学习效率和兴趣。我组织了一个课外学习小组，每周三和周五的下午，小组成员会聚在一起讨论学习中遇到的问题。这种合作学习的方式不仅提高了学生的学习效率，也激发了他们的学习兴趣。

七、团结友爱同学，勿以事小而不为

团结友爱是班级和谐的保障。我教育学生相互尊重，相互帮助。例如，在我的引导下，班级形成了"一人有难，全班支援"的良好风气，这种团结友爱的氛围让每个学生都感到温暖，也使得班级成为一个真正的大家庭。

去年，我们班的小赵因为生病住院，我们全班同学自发组织了一次捐款活动，为他筹集了医药费。这种团结友爱的行为，不仅帮助了小赵，也让全班同学更加团结。

　　作为班主任，我深知自己的工作是一项复杂而艰巨的任务，它需要我具备爱心、耐心和智慧。通过上述七个方面的努力，我有效地引导学生健康成长，营造一个温馨、和谐、向上的班集体。正如陶行知所说："捧着一颗心来，不带半根草去。"我的工作虽然辛苦，但看到学生的成长和班级的进步，所有的付出都是值得的。我将继续努力，为学生的成长贡献我的力量。

我在英语教学中是这样转化学困生的

摘要：本文探讨了在英语教学领域中，如何有效转化学困生的方法和策略。通过实际案例分析，本文将阐述英语学习中的故事、学习榜样的重要性，以及个别辅导、关爱、合作、目标设定和奖励机制等关键因素在提高学困生英语成绩中的作用。

在英语教学中，学困生是一个不容忽视的群体。他们往往因为各种原因，在英语学习上遇到了困难。作为教育工作者，我们有责任帮助这些学生克服障碍，激发他们的学习兴趣，提高他们的英语水平。本文将分享一些在实践中证明有效的转化学困生的方法。

一、英语学习的故事与榜样

英语学习的故事：故事是传递知识和情感的有力工具。在英语教学中，通过讲述英语学习的成功案例，可以激发学困生的学习动力。例如，我曾分享过一个学生如何从零基础开始，通过不懈努力最终掌握英语的故事。这个故事让学生看到自己的潜力和可能性，激发了他们学习英语的热情。

树立学习榜样：这也是激励学困生的重要手段。榜样可以是身边的优秀同学，也可以是历史上的语言学习者。通过学习他们的经历和方法，学困生可以获得启发，找到适合自己的学习路径。比如，我们班级的小李，他通过每天早晨朗读英语文章，逐渐提高了口语能力，成了其他同学学习的榜样。

二、重视个别辅导

个别辅导的重要性：每个学困生的情况都是独特的，因此，个别辅导是提高他们学习效率的关键。通过一对一的辅导，教师可以更准确地了解学生的具体困难，并提供针对性的帮助。

实施个别辅导：在实施个别辅导时，教师应该根据学生的具体情况制订辅导计划。这可能包括调整教学内容、提供额外的练习材料或者采用不同的教学方法。例如，对于听力困难的学生，我会推荐他们使用听力软件进行专项训练。

三、多关爱学困生，进行个别谈心

关爱的重要性：关爱是教育的基石。对于学困生来说，教师的关爱可以让他们感受到被重视和支持，从而增强他们的自信心和学习动力。

个别谈心的实践：定期与学困生进行个别谈心，了解他们的想法和感受，可以帮助教师更好地理解学生的需求，并及时调整教学策略。例如，我发现小张对英语缺乏兴趣，通过谈心，我了解到他对科技非常感兴趣，于是我调整了教学内容，将科技话题融入英语教学中，激发了他的学习兴趣。

四、教师要学会示弱，需要学生的帮忙合作

示弱的策略：教师在学生面前适当示弱，可以降低学生的心理压力，让他们感到自己也能对学习过程有所贡献。这种策略可以激发学生的合作精神和责任感。例如，在一次课堂上，我故意

在解释一个复杂的语法点时"卡壳",然后邀请学生帮助我完成解释,这不仅让学生感受到自己的重要性,也增强了他们的参与感。

合作的重要性:通过合作学习,学困生可以在同伴的帮助下克服学习障碍,同时也能培养他们的团队协作能力。例如,我组织了一个学习小组,让学困生与成绩较好的学生一起学习,通过小组讨论和合作完成任务,提高了学困生的学习效果。

五、给学困生设定切实可行的目标

目标设定的原则:为学困生设定目标时,应确保目标具体、可测量、可达成、相关性强和时限性(SMART 原则)。这样的目标可以帮助学生明确学习方向,增强学习动机。

目标设定的实践:教师应与学生一起设定学习目标,并定期检查进度,以确保目标的实现。例如,我为小王设定了一个学期内提高英语阅读速度的目标,并提供了相应的阅读材料和策略,每两周检查一次他的阅读速度,确保目标的实现。

六、适当的奖励机制

奖励的作用:适当的奖励机制可以激励学困生更加积极地参与学习。奖励可以是物质的,也可以是精神的,关键是要与学生的学习成就相匹配。

实施奖励机制:在实施奖励机制时,教师应确保奖励公平、公正,并与学生的学习进步直接相关。例如,我为每个月英语成绩进步最大的学生颁发"进步之星"奖状,以表彰他们的进步。

七、分享学习心得与学习成果

学习心得的重要性:鼓励学困生分享学习心得和成果,可以增强他们的成就感,同时也为其他学生提供学习借鉴。

实施分享机制：定期组织学习心得分享会，让学困生有机会展示自己的进步，同时也能从其他同学的经验中学习。例如，我每个月都会组织一次学习分享会，让学困生分享他们的学习方法和进步，这不仅增强了他们的自信心，也激励了其他学生。

结果与反思：转化学困生是一个复杂而富有挑战性的任务，需要教育工作者的耐心、智慧和创新。通过上述方法的实践，我们可以有效地帮助学困生克服英语学习中的困难，提高他们的英语成绩。教育不仅仅是知识的传授，更是心灵的触动和潜能的激发。让我们携手努力，为每一个学困生打开英语学习的大门。

让学生在微笑中接受批评

在学生们成长的漫漫征途中，赞扬与鼓励无疑是那温暖而明亮的阳光，它们能瞬间点亮我们的心情，让我们怀揣着满满的自信与动力，欢快地大步向前。然而，生活不总是一帆风顺的，批评的"风雨"会不时地侵袭而来。但是，你们可曾想过，其实批评并非如我们想象中那般可怕，我们完全可以在微笑中坦然地接受它，并且从中汲取到成长的珍贵养分。

一、正确认识批评的本质

批评，乍一听，或许会让我们心里"咯噔"一下，涌起一种不太舒服的感觉。毕竟，谁都希望自己所做的一切得到他人的认可与赞扬。但事实上，批评有着它更为深刻和重要的本质。

它首先是一种关注的体现。当老师、家长或者同学指出我们的错误与不足时，这恰恰说明他们在留意着我们的一举一动，在乎着我们的成长与发展。就如同一位细心的园丁，会时刻关注着园子里每一株花草的生长状况，一旦发现哪株花草有了枯叶或者长歪了，就会及时地动手修剪或者扶正。他们之所以这么做，是因为他们希望这些花草能够茁壮成长，绽放出最绚烂的光彩。同样的道理，那些给予我们批评的人，也是怀着让我们变得更加优秀的美好心愿，才会留意到我们的问题并指出来。

而且，批评还是我们进步的阶梯。人无完人，我们在学习、生活的各个方面难免会存在这样那样的缺陷。而批评就像是一盏明灯，照亮了我们原本未曾察觉的那些阴暗角落，让我们清晰地看到自己的不足之处。只有当我们清楚地认识到了这些问题，才能够有针对性地去努力改正，从而实现自我的提升。比如说，在学习数学的过程中，如果我们总是在某一类题型上出错，老师通过批改作业发现了这个问题，在课堂上指出了我们的解题思路存在的偏差，这虽然是一种批评，但却能让我们及时地调整学习方法，避免在后续的考试中再次犯错，进而在成绩上取得进步。

再者，批评是对我们责任心的一种培养。当我们面对批评时，我们需要去认真反思自己的行为，承担起自己所犯下的错误带来的后果，并且努力去做出改变。这个过程其实就是在锻炼我们的责任心。一个能够坦然接受批评并且积极改正错误的人，往往在面对其他事情时，也会更有担当，更懂得如何去履行自己的责任。就像班级里负责卫生值日的同学，如果因为疏忽没有打扫干净教室而受到了老师的批评，那么在下次值日时，他就会更加认真负责地完成任务，因为他通过这次批评明白了自己肩负的责任是不容忽视的。

二、微笑面对批评的好处

既然批评有着如此重要的意义，那么我们以微笑的姿态去面对它，又会给我们带来哪些意想不到的好处呢？

其一，微笑能缓解紧张的情绪。当我们得知自己即将面临批评时，内心往往会不由自主地紧张起来，心跳可能会加快，手心也可能会冒汗。而一个微笑，就像是一阵轻柔的春风，能够瞬间吹散我们心头的那片阴霾，让我们紧绷的神经松弛下来。想象一下，老师面带微笑地走到你面前，准备和你聊聊你作业中出现的错误，与老师板着脸严肃地批评你相比，哪种情况会让你感觉更舒服一些呢？显然是前者呀。当我们自己先露出一个微笑时，也能在一定程度上让自己的情绪稳定下来，从而更冷静地去聆听批评的内容。

其二，微笑有助于保持良好的人际关系。当我们以微笑回应批评时，对方会感受到我们的友善与大度。老师看到你微笑着接受他的批评，会觉得你是一个懂事、能够虚心接受意见的好学生，从而更加喜欢你、愿意在今后更多地帮助你。同学之间也是如此，如果同学生气地指出你的错误，而你微笑着表示感谢并承诺会改正，那么对方原本可能有的怒气也会消散，你们之间的友谊也不会因为这次批评而受到影响，反而可能会更加深厚呢。

其三，微笑能让我们更积极地接受批评内容。当我们处于微笑的状态时，我们的心态是相对开放和乐观的。我们不会带着抵触的情绪去听别人说的话，而是更愿意去理解对方的出发点，认真思考自己的问题所在。就像打开了一扇通往自我提升的大门，让批评的话语能够顺畅地进入我们的内心，促使我们去行动起来，做出改变。比如，在小组合作学习中，有同学指出你在讨论时发言不够积极，如果你微笑着接受并表示会努力改进，那么你就会更主动地去参与下一次的小组讨论，让自己在团队合作方面得到更好的发展。

三、如何在微笑中接受批评

明白了批评的本质以及微笑面对批评的好处之后，那么关键的问题来了，我们到底应该怎样才能在微笑中接受批评呢？

首先，要调整好自己的心态。我们要认识到批评并不是对我们个人的否定，而是对我们行为或者做法的一种评价。每个人都会犯错，犯错并不可怕，可怕的是不愿意承认错误并且拒绝改正。所以，当我们听到批评的声音时，不要一下子就陷入自我否定的情绪中，而是要告诉自己，这只是一个让我变得更好的机会，我应该抓住它。就像篮球巨星迈克尔·乔丹，他在职业生涯中也经历过无数次的失败和批评，但他总是能以积极的心态去面对，把每一次的挫折都当作是成长的阶梯，最终成了篮球史上的传奇人物。我们也要学习他这种心态，以乐观的态度看待批评。

其次，要学会倾听。在面对批评时，很多同学可能会急于辩解，想要马上说明自己并不是对方所说的那样。但其实，这样做并不能让我们真正地了解自己的问题所在。我们应该先静下心来，认真地倾听对方说的话，让对方把话说完。只有当我们完整地听到了对方的批评内容，我们才能够全面地分析自己的行为，找出其中的问题点。比如，家长在批评你沉迷于电子游戏影响学习时，你不要马上反驳说自己只是偶尔玩一下，而是要先听家长把为什么觉得你沉迷、沉迷会带来哪些影响等内容说完，然后再去思考自己是否真的存在这样的问题。

再者，要懂得换位思考。当我们受到批评时，不妨站在批评者的角度去想一想。老师为什么要批评我？同学为什么要指出我的问题？他们是不是也是出于关心我、希望我变得更好的目的呢？通过换位思考，我们能够更加理解批评者的心情和出发点，从而让我们更容易接受他们的批评。例如，在体育课上，你不小心撞到了同学，同学有点生气地说你怎么不看路，这时你如果换位思考一下，就会想到自己被撞了也会不舒服，同学这么说也是希望你以后能注意一点,这样你就会微笑着向同学道歉并表示会注意的。

最后,要及时做出回应和改变。在微笑着接受批评之后,我们不能只是听听而已,还必须采取实际行动来证明我们的态度。如果是学习上的问题,我们可以制订学习计划,努力提高自己的学习成绩;如果是行为上的问题,我们可以规范自己的行为,养成良好的习惯。比如,老师批评你上课讲话影响课堂秩序,你在微笑接受之后,就要在后续的课堂上严格要求自己,不再讲话,用实际行动来表明你已经认识到了错误并且在努力改正。

四、实际案例分析

为了让同学们更加直观地理解如何在微笑中接受批评,下面我们来看几个实际案例。

案例一:

小明是班上的语文课代表,有一次在收作业的时候,他因为着急去参加学校的活动,没有仔细核对作业的份数,导致有几本作业没有收齐就交给了老师。老师发现后,有点严肃地对小明说:"小明,你作为语文课代表,收作业这么重要的事情怎么能这么马虎呢?这会影响到同学们的学习进度和老师的教学安排呀。"小明听了,心里有点愧疚,但他还是马上露出一个微笑,对老师说:"老师,您说得对,我确实太着急了,没做好这件事,我马上就去把没收到的作业收齐,以后一定不会再这样马虎了。"老师看到小明微笑着接受批评并且态度诚恳,脸色也缓和了下来,点了点头说:"好,那就快去办吧。"从那以后,小明在收作业的时候都会格外细心,再也没有出现过类似的问题。

在这个案例中,小明首先调整了自己的心态,没有因为老师的批评而产生抵触情绪,而是认识到自己的错误并且把它当作是一个让自己变得更好的机会。然后他通过微笑向老师表达了自己的态度,并且及时做出了回应和改变,最终成功地解决了问题,也让老师对他更加满意。

案例二:

小红和小丽是好朋友,有一次在课间玩耍的时候,小红不小心把小丽的新文具弄坏了。小丽有点生气地说:"小红,你怎么这么不小心呀,这可是我刚买的新文具呢。"小红一听,心里也很难过,但她还是微笑着对小丽说:"小丽,真的很抱歉,我确实太不小心了,我会赔你一个新的,你别生气了好不好?"小丽看到小红微笑着道歉并且态度诚恳,气也就消了一半,说:"算了,不用赔了,你以后注意点就行了。"小红说:"那可不行,我一定要赔你,这是我应该做的。"从那以后,小红和小丽的友谊更加深厚了。

在这个案例中,小红通过微笑回应小丽的批评,让小丽感受到了她的友善与大度,从而缓和了两人之间的紧张气氛。同时,小红还通过及时做出回应和改变,表明了自己的态度,不仅维护了两人的友谊,还让自己更加懂得如何去处理类似的问题。

五、总结

同学们,批评虽然可能会让我们的心情在一瞬间变得有些低落,但它却是我们成长道路上不可或缺的一部分。当我们能够以微笑的姿态去面对批评时,我们就能够在缓解紧张情绪的同时,更好地保持良好的人际关系,并且更积极地接受批评内容,进而实现自我的提升。

我们要正确认识批评的本质,把它当作是一种关注、进步的阶梯和培养责任心的方式。同时，我们要通过调整心态、学会倾听、换位思考以及及时做出回应和改变等方法，真正地在微笑中接受批评。

希望同学们在今后的学习和生活中，每当遇到批评时，都能先给自己一个微笑，然后坦然地接受它，把每一次的批评都当作是一次宝贵的成长机会，一步一个脚印地朝着更加优秀的自己迈进。让我们一起在微笑中接受批评，在成长中绽放光彩吧！

转化多动症，助推学生健康成长

随着社会、学校、家庭、媒体对中学生的影响，中学生群体中出现心理疾病的个体越来越多，情况也越来越多样化。如何进行中学生心理疏导和教育，也逐渐成为中学班主任颇感棘手的热点话题。如何开展中学生心理健康教育，并取得良好的教育效果呢？下面就我在班主任岗位上的实践，以典型个案的形式进行陈述。

一、基本资料

林某某，男，14岁，初中八年级学生，是七年级下学期从宜章县梅田镇学校转入我们学校的。他一脸的憨相，一眼望去属特忠厚老实的那类。但在我的印象中，他一刻也不会消停。文具盒从抽屉里拿出来，又丢回去，反反复复，次次磕出惊人的脆响，引人注目才开心。一件事情没做完，他又主动领了另一件，件件都半途而废。自我约束力特差，没有老师盯着的时候，耳朵总往窗外伸，爱打探各种新鲜事。时不时情不自禁地大声发表感慨，一教室的眼睛都莫名其妙地聚焦到他身上。他一直这样我行我素，谁也不知道他的小脑袋瓜子在想些什么。他老爱把同学当"猎物"，全班几十号人没有一个不掉进他设置的"陷阱"的。我不动声色地观察他两个半月，发现其实他能有所改变。他之所以这样做，并非本性使然，也并非有意而为之。用他的话说，没有一科听得懂，百无聊赖的情境下，不由自主地弄出一些令人生厌的举动，实属无奈。当然，学生和老师都不这样认为。正因为他是不由自主，我才将其归结于"多动症"。

二、具体表现

1. 常常进入忘我状态。他不论时间、地点，张口就说，伸手就弄，总给人一副调皮淘气的状态。他专注于自己的精神世界，好像别人都不存在，用班长的话说："把我们当空气哩！"

2. 基本上不参加集体活动。布置的时候，他不认真听，等大家都走老半天了，他才出教室，拖拖拉拉的，大事小情他都难沾边。当然，政教主任总把他当"尾巴"捉，因此，老扯班上的后腿，该动的时候，他偏不动。

3. 上课爱摆弄文具盒，时不时敲一下铁皮盒，声音脆亮。他的目的很明确，要是大家的目光都往他身上聚焦，便露出一副特得意的派头，严重影响教学秩序。

4. 不管从哪个同学身边过，都伸手搔人家的头，扯别人的耳朵。没来得及收拾的文具，他喜欢顺手牵羊，没两分钟就玩坏了，还不认账，说人家的东西原本是坏的，自然从不道歉，人见人厌。

5. 没有人愿意搭理他，他一贯独来独往。一直以来，和谁同桌不超过三天，同桌家长就会反馈让老师把孩子调开，他也就成了班上唯一一个没有同桌的人。

6. 课外活动，他像无头苍蝇到处碰壁。他想打球、跳绳，他一露头，其他人就跑没了影。他不捣乱就耐不住，别人生气了，他满不在乎，甚至乐在其中。

7. 他的作业像天书，做时就图一个快，明显就是从没练过字的那类，每个字不是缺胳膊就是少腿，无人辨认得出来。说到成绩，科科都是个位数。黑板上，一旦出现谁谁没交作业，他的名字肯定在列。

以上就是我对他的了解。出现这些问题，扪心自问，既有主观因素，又有客观因素，不全是他的错。出现这样或那样的毛病，归根结底都是多动惹的祸，多动才是根源。在他的身上，还是有优点的。至少在我面前，他嘴特甜。他喜欢买课外书，有没有看完过一本，我无从考证，也无法考证。他还是蛮有爱心的。他曾把一只雀鸟带到教室过，听说喂了一个半月，亲眼目送雀鸟飞上了树枝……每当面对这个孩子的时候，我就浮想联翩：一个孩子，便是一个家庭的希望。孩子能够健健康康成长，可以说是长辈们最大的希望，可以说，我们成就的是一个或两个家庭的未来。基于此，我有责任，也有义务把他装在心上，不要因为一时的不起眼，而耽误人家的一生。想到这里，我便付诸行动，把林某某作为教研课题来做，把他放在了心理健康教育典型案例的议事日程上。我决定把"多动"作为突破口，引领他回归自然，回归正确的轨道。

三、了解背景，分析成因

他是一个典型的留守儿童，与父母聚少离多。我刚接触他那会儿，他拒绝接父母的电话。

按说，有爷爷奶奶做监护人，他不应该成为这个样子。可是，他的爷爷奶奶没文化。没有文化的爷爷奶奶，操心的是一日三餐，似乎喂饱了就万事大吉了。不管怎样的长辈，也爱听晚辈的好话。当老师说孙子这也不好那也不好的时候，所能做的就是护犊子，护来护去，护出了他的天不怕地不怕。这样的家庭、这样的孩子，老师怕管，也不敢管。年复一年，渐渐成了"野孩子"，当然，野的是心。正因为家庭教育严重缺失，许多力所能及的事情他不想做，不愿做，不爱做，反正也没人督促他做。孩子告诉我，他一心只想做自己认定的事情。由于缺少判别是非的能力，做错很多事情也就见怪不怪了。学习成绩一直很差，差得从不敢领学生手册，反正也没人过问，他也就不再把这个当回事了。在他心里，只有玩、玩、玩，玩才是与生俱来的，才是天经地义的，以至于形成了"多动"的坏毛病。

综合他的行为表现，我做了一些分析：

1. 家庭教育严重缺失。父母长年在外，疏于管教，有典型的留守儿童后遗症：行为无规范，懒散成习惯。

2. 由于不想学习，不愿学习，不爱学习，上课不听讲，课后不温习，放任自流，"欠账"越来越多，积重难返。反正学不进去，不玩白不玩。贪玩，只是表象。不被家人重视，不被老师重视才是表现差的问题之所在。

3. 个别老师将错就错，被其表象迷惑，认为"烂泥巴糊不上墙"，索性把他归为"另类"，不待见，对他的关注自然越来越少。这样的"冷豆腐"慢慢地成了名副其实的"破罐子"，一副满不在乎的嘴脸，表扬也好，批评也罢，左耳朵进，右耳朵出，全当耳旁风。

4. 常常做错事。被人逮着了，迎头一棒，好像也没少几两肉，久而久之，习惯成自然。没被逮住，成了话柄，被人们嗨来嗨去，一时半会难绝于耳，他觉得蛮好玩，也蛮有味。这几乎令他拥有了变态的成就感，愈发不可收拾。

5. 他有一句话让我深思:"我也不想这样!"言下之意是被逼出来的。我知道,他原本不是这个样子的。用他的话说,顺应了时代潮流。其实,他也不愿意一味地"坏"下去,只是没有人伸出手拉他一把。我从这里找到了切入点,找到了向好的方面转化的"能动性",当然也抓住了契机。

四、个案处理细节

我立即与家长联系,陈述自己的见解。家长采纳了我的建议:其母立即返回宜章,陪伴孩子成长。家校共同努力,展开孩子的转化工作。

1. 给孩子存在感,成就感。孩子一直认为,他是可有可无的存在。他父母、他爷爷奶奶共同转变观念,夯实孩子在家里的地位,让孩子有存在感。长辈们创造机会,让他做力所能及的事,天天有收获,构建他的成就感。我及时提出合理化建议,帮助一家老小,在家庭生活中形成找优点的习惯,让每个家庭成员都找其他人的优点。因为这样的家庭,才能充满正能量,才会一心一意向善向上。家长们和老师一样,不断找他的优点,不断放大他的优点,渐渐地,他学会了协调人际关系,学会了与人相处,也渐渐地有了小玩伴,进而有了朋友,成就感油然而生。

2. 浮躁的时候,我引导他读自己喜欢的书。一本又一本,他终于沉浸在故事、人物的喜怒哀乐里,骚动的心渐渐地归入平静。他回忆说,想做出格的事源于一天到晚无所事事,却又常常想成为小伙伴的中心,渴望引人注目。抚慰孩子躁动的心绪最好的方法就是引导他做自己最喜欢的事,既然读课外书是他的最爱,为何不成全他呢?他一进我的办公室,就瞄上了我购买近三十年的《郑渊洁童话》,一届届的学生都有不少钟情于童话的人,当然，他也不是第一个，更不会是最后一个。我告诉他，我的书对他开放，什么时候想要，随时来取。此后的两年，他居然读完了我收藏三十年的图书。他每星期啃一本，越来越有定力，不光我说他变了，所有的任课老师都伸出大拇指夸他，这是他以前连想都不敢想的。

3. 我给他买了十五本练字本，目的是让他重新认识自己。我喜欢临帖，是读初中那会儿形成的习惯。我给他灌输慢笔书法的理念，并亲自示范。他觉得很奇怪：老师也太会磨洋工了，老半天才写出一个字。写完后，还要左瞅右瞄一顿饭的工夫。我把这称为磨性子，并把好处告诉了他。他跟在我身后，一回回装模作样，亦步亦趋。他妈妈告诉我，这孩子居然在家里练了一个暑假，脱胎换骨了哩。如果不是记忆告诉我，他曾经是个多动的孩子，我差点忘了那茬。

4. 帮助他正确认识自我。长期以来，他对自己没有正确的认识。由于成绩差，一叶障目，所以对自己的评价也差。误以为所有的人都不喜欢自己，心里横生孤立、缺乏自信。孩子对自己的评价太低或太高，都是很危险的事情。怎样才能让孩子正确地认识自己呢？这回，我没有直接对他进行评价，而是耍了点小聪明，用了点小技巧。周五的班会课，我借开展"学会赏识身边的同学"这个主题活动，进行布置：林某某在我们班上经营了许多故事，有的故事许多年之后仍旧烙印在你的心壁，请提起你的笔来，说说"我心目中的林某某"，字数不限，要求写出真情实感。接下来的周一，我把他请到我的办公室，让他当一回写作老师，让他批改同学们的作文。帮老师改作文在我们学校已不是什么新鲜事，只有他从没享受过这种"待遇"。

"我有这个能力吗？我有这个能力吗？老师。"他兴冲冲地问我。"你说呢？"我拍拍他的肩，一切都在不言中。

五、教育反思

林某某仅仅是我进行心理健康教育的一个个案。他的转化，既带有普遍性，又具有典型性，因而称之为典型案例。

林某某的好与不好，与家庭有关，与学校有关，与社会有关，也与媒体有关，当然也与他的秉性有关。他的多动，也绝非是天生的，和坏与不坏没有天然的关系。可是，他却实实在在拥有了那段阅历。我不止一回对其家长说："他之前的情况于你们家，堪称宝贵的财富。"但这样的财富，拥有的人越少越好。这是一个有良知的老师对世人的忠告。

孩子都有过或多或少幼稚的想法，或许是天性使然。除此之外，再也找不到更多说服自己的理由了。然而，面对林某某的化蛹成蝶，于内因，于外因，我想说的是，大自然好点，再好点，人们就生活得更安逸了！我们都是大自然的物种，难道不应该回归大自然吗？

就在我将要搁笔的时候，又无缘无故地扯出了那个晚上的情境。都深夜11：40了，一位家长呼我，第一句便是："刚才，我和你的学生大吵了一架！"听得出来，对方颇冲动。"你为什么要和我的崽崽吵架？""你的崽崽？"那位家长半晌才回过神来。"现在的孩子都叛逆！"对方提高声音道。我懵了，我的孩子叛逆吗？这理，到哪里说去！事实证明，班主任一旦把学生当成了自己的崽崽，何来的叛逆。当家长们说教的时候，孩子们抛得最多的一句正是："我们老师说的，就是对的！"哪来的叛逆？林某某的转化，再一次佐证了班主任工作的这条公理。

班级管理中的主体性教育

主体性是学生素质的重要组成部分，主体性的发展是人全面发展的核心，是培养和发展学生的创新精神和创新能力的保证。现代教育培养的人应该是主体性的人，即不仅要有现代科技、文化知识，而且要具有自觉能动性、独立自觉性和开拓创造性，具有竞争意识、平等观念和合作精神的人。现代教育必须激励、开拓每个学生的主体能动性，使他们具有较强的主体意识，并在积极的参与中发展。班主任是实施素质教育的主力军，是学生素质发展的促进者。因此，加强对学生进行主体性教育，是班主任对学生实施素质教育的关键，班主任在班级管理中怎样进行主体性教育呢？

苏联教育家苏霍姆林斯基曾说过："真正的教育是自我教育。"这句话说明了教育的真谛：教是为了不教，管是为了不管。作为班主任要明确一个观念：教会学生自己管理自己，才会有真正的管理，才会有助于提高学生的全面素质。因此，我认为，科学管理班级应该依靠班级的主人——学生。学生的早日成才，首先要学会自我管理和自我教育。

一、培养学生主体意识，提高自我教育能力

从班集体形成的那一天起，我就告诉学生这样一个观念：绝对不可以依赖班主任，凡事总是先自己试着干，实在不行了，再请老师帮忙。

在平常的日子里，我经常对学生说："你们是集体真正的主人，必须关心自己的成长，包括身体的成长、学识的丰富、能力的增强。有了这一前提，才会在集体里得到最迅速、最实在的进步。"教师的职责是一切为了学生，为了一切学生，为了学生的一切。要让学生了解教师的这一崇高心愿，同时教育学生为自己负责。要让他们自觉意识到自我管理和自我教育的重要性，并上升为一种自身的需要，使学生们在思想中牢固树立起不依赖、不等待、一切靠自觉的观念，从而确立自我教育的思想基础。学生主体意识越强，他们参与自身发展的积极性、自觉性就越强。班主任在班级管理中要始终坚持以学生为主体，以培养学生能力、提高学生素质为教育目的，班级管理就会走上良性循环的轨道。

要培养学生的主体意识，提高学生自我管理、自我教育的能力，并非轻而易举的事。这并不意味着班主任可以一切撒手不管，全盘交给学生；而是要班主任在学生中做深入细致的思想工作，充当一个好的幕后指挥者。要帮助学生确立一个正确的奋斗目标，首先要教他们学会做人，懂得做人的道理，学会做人是教育的基础。班主任要引导学生通过自己的双眼去观察社会、了解社会的时代特征，明白做什么样的人才符合社会的需要。同时组织学生开展讨论，让学生形成一种共识：全面发展基础上的学有所成，是未来社会对我们的呼唤和要求。于是着眼于整体发展，立足于个体成才，充分发挥学生主体作用，成为师生共同奋斗的目标。

二、实施班级管理自主化，努力开发学生自我教育的潜能

有了思想基础，确立了目标和任务，就为班主任实行班级管理自主化提供了条件。班级管理工作中班主任是主导，更要体现学生是主体这一指导思想，班级管理应该是在班主任的指导下，交给学生自己去实施，从而培养和提高学生自我教育的能力。

创新是人独特的心理特征，是一种高度复杂的个性化的智能活动，任何创新的思想与活动都带有极强的个性化色彩，个体只有主动参与并置身于活动之中，凭借自身的努力和有别于他人的心理特征与行为特点，才能体现其个性，也才有其独创性。管理心理学表明：团体成员以不同的形式参与集体各个方面的管理工作，对于提高成员的士气，改善心理氛围，密切人与人之间的关系，提高学习与工作效率，有着十分重要的激励作用。因此，仅有民主的班级氛围和敢为人先的探索精神还不够，还要尽可能地给他们提供实践的舞台。在我们班级中，人人都能当干部。我班的班干部实行轮换制，通过定期轮换和限定轮换比例，为更多的学生提供施展管理才能的机会。把管理学生转变为为学生服务，对学生的发展负责，从而为每个学生提供了展示个人才能、实现自我价值的空间和舞台。

（一）培养一批热心于班级工作的学生干部，组成班委会、团支部。他们是班级的核心力量，同时也是班主任的得力助手。在学生干部的选拔上，要贯彻民主教育、民主管理的作风；在学生干部的培养上，要加强科学管理方法的培养和指导。

（二）给每个同学提供锻炼和提高自己的机会。为了给更多的学生创造锻炼、提高能力的机会，让他们参与到班级管理工作

中来，同时强化班级管理，我在班上设立"常务班长"和"值日班长"。这是班级管理自主化的重点，这样做有利于激发和培养更多的学生成才。

（三）让学生从日常小事中逐步养成良好的行为习惯。日常小事，我提倡学生人人"随手做"。为解决学生在教室里乱扔纸屑、果皮，保持教室清洁难这一问题，我提倡学生人人备一"小小垃圾罐"，把纸屑、果皮等随手扔进垃圾罐，发现地上有垃圾就随手捡，教室卫生做到不打扫也干净。

（四）班主任的管理是做指导性的工作，要做好班干部的后盾，当好班干部的顾问，这才是一个成功的班主任。班级工作的最大特点就是："抓得住、放得开"。所谓"抓得住"，就是指班主任要透彻了解每个学生的基本情况，了解他们的性格、爱好，掌握本班的班况，以便因材施教、"对症下药"。所谓"放得开"，就是指在着力培养全体学生的集体荣誉感的基础上，高标准要求学生、相信学生，充分发挥学生的主体作用，特别是发挥班干部的模范带头作用，让学生从小事做起，自觉塑造班级形象。班主任要做班干部的坚强后盾，当好班干部的顾问，这才是一个成功的班主任。

实践证明，班级管理自主化，调动了全体学生的积极性，培养了一批思想端正、工作负责、学习优良、能力较强的骨干队伍，同时让每一个学生都意识到自己是班集体的主人，同时也是自己的主人。培养和提高他们自我管理、自我教育的能力，从而提高了学生的综合素质，使学生思想健康，学习上、工作上富有激情和创造力，有较强的竞争意识和集体荣誉感。这一切都是通过他们自己的努力，在自我教育中不断完善自己而取得的。"教是为了不教"是我们追求的目标。

只有坚持以人为本,坚持"教育的主体是学生、起点是参与、重点是学会、核心是发展"的方针,我们的班级管理才会是主体性管理,我们的教育才会有创新,才会走向真正的素质教育。

教育应重在表扬

我担任二十余年的班主任,接触过很多学生,深有感触地认为:对学生的教育应重在表扬。随着社会主义祖国迅猛的发展,党的改革开放政策的实施,教育战线发生了翻天覆地的变化,学生的情感、思想、需要也发生了很大的转变,单纯依靠命令、空洞说教已不起作用,用管、卡、压的办法也不易奏效,表扬是教师教育学生的重要手段和策略,也是一门科学技术。

教师是学生的引路人,对每一个学生都要爱护,教师的举动影响着每一位学生。首先,教师要强化自身素质。从心理学角度来讲,学生的行为产生以后,可能会出现两种情况:一是学生得到满意的结局,如成功的喜悦、教师的表扬等,这是对行为的正强化。另一种情况是学生的行为受到反对,如失败的打击、教师的训斥等,这是对行为的负强化,于是这种行为就有终止的可能。学习本身就是一种行为,是条件反射的建立和巩固,条件反射的建立和巩固关键在于强化,强化一般指的是正强化,通俗地讲就是指表扬是行为成功的关键。

在教学实践中有很多这样的情况,老师一句无意的表扬有可能会影响学生的一生。学生大都有渴望得到老师表扬的心理,这一点对暂时差的学生尤其重要。一般说来,暂时差的学生最忌讳老师说自己笨。教师,不仅仅是文化知识的传播者,更是塑造学生心灵的工程师。教师应该理解学生这种心理,尽量寻找这一部分学生的优点,哪怕是点滴优点,也要给予表扬,这样可以增强学生的自尊心和自信心,使学生及时尝到成功的喜悦。我认为每一个学生都有闪光之处,正如一位老教育家讲的那样:"人无全才,人人有才,因材施教,人人成才。"只要我们在教育过程中坚持一切为了学生发展的原则,为学生创设宽松、和谐、安全的自主学习环境,创设有利于学生展示才华的机会,满足不同学生的学习需要,激发他们积极向上的愿望,就会让每一个学生收获到成功的快乐,养成良好的习惯。教师要善于分析学生的动机,避免出现错误的表扬和训斥。如一个学生上课捣乱,很想引起老师的注意,这时候,老师就可以对学生的这种不端行为装作视而不见,这样学生达不到目的,得到的是失败的结果,无异于惩罚,行为则可能终止。等真正终止了这类情况,教师应对学生提出表扬。

教师要从科学的角度来理解表扬的作用和严厉训斥学生的危害性,负强化可以用,但要和表扬结合起来,这样可以弥补学生自身的缺陷。教师只要掌握了用表扬的方法来塑造学生形象的原则,并能根据实际情况灵活运用,就一定会收到理想的效果。21世纪是高科技、人才竞争的世纪,我们的确要在素质教育的实践中重新审视教书育人的真谛,不囿于陈旧落后的教育教学观念,重视学生的个性差异,还学生们一个宽容的、公平公正的、充满人文精神的新天地,让"表扬"二字的情感不断升华。

农村中学减少学困生的三个突破口

随着经济的发展,农村收入的提高,一些文化水平不高的人们也越来越认识到知识的重要性,希望自己的下一代拥有高知识、高学历的欲望越来越迫切。然而农村中学学困生面积之大令人担忧,上了初中,30%左右的农村学生对学习失去了信心,初中三年可以说是在"苦难"中度过的。如何减少学困生是农村中学每一个教育工作者急需思考、解决的一个课题。

宜章农村中,学生差的产生有其历史根源。古时候的宜章属偏僻地域,被称为"南蛮"之地,发展缓慢。土著居民文化落后,生性野蛮,拳头说话者居多,不重视读书也是情理之中的事。

被贬或迁移的官民,多为官家子弟,亦官亦民。如宜章三堡均为官家子弟,拳脚功夫了得,而习文者却寥寥无几。随着农村经济的发展,外地人员不断涌入,公办学校规模远远不能满足外地子弟就学读书的要求。一些教学管理差、教学场地简陋、师资力量薄弱的民办学校由此而产生。加之外地人员子弟家庭条件、年龄结构各不相同,小学六年级就形成了文化知识、年龄结构、学习习惯等方面参差不齐的局面,特别是英语方面,同学之间落差更大，很多同学在小学毕业时就对自己的学习失去了信心。如何把每一位学困生转化为优等生，我认为应从三个方面入手：

一、初一阶段以英语为突破口，帮助学困生重新树立起学习的信心

小学六年级每天两节语文、数学，每个同学都能按部就班地进行学习，加之学生家长对语文、数学这两门功课多少能进行辅导和督促，因此学生们的语文、数学这两科的差距不会很大。差距较大的是英语，一方面大部分家长对英语可以说是一窍不通，另一方面各学校的英语师资力量有强有弱，上英语课的时间有多有少。面对不同英语层次的学生，初一阶段的课时安排应该把重点放在英语学科上，学校的管理者也应该根据具体情况加强初中英语的师资力量。英语的学习时间、辅导时间应该比语文、数学稍多一点，使那些因英语成绩差而失去信心的同学有学好英语的欲望，在英语的教学上应尽可能从简单开始，力争掀起一股英语学习的热潮，真正做到查漏补缺，整体提高。如果这样的话，新的学困生不会产生，因英语成绩差而失去了学习兴趣的老学困生也会慢慢地转化为学优生。这样学困生的比例至少可以降低百分之十。

二、初二阶段以物理为突破口，培养兴趣

学生上了初二，年龄大的十四岁左右，正处在青春期，而七年的学习生活为他们正确观察问题和分析问题奠定了一定基础，对周围的一切基本上也有了自己似是而非的观点，对自己的学习成绩和前途也有了一个模糊的定位，内心世界充满幻想。一方面有想读书、读好书的欲望，但对自己又缺乏一个正确的评价而显得信心不足。在这十字交叉路口，在求知欲开始产生的时候，的确需要新生事物给予刺激，需要老师及时给予帮助。初二物理课的开设可以说是雪中送炭，每个同学都处在同一起跑线上，谁都有跑第一的愿望，特别是成绩偏后的同学欲望更强。作为初二的物理老师此时要充当多种角色，一方面要传授知识，而更重要的是要为同学们指明方向，激发学习兴趣。讲课之前你可以反复强调物理课的重要性，应该特别强调我们周边的生活以及高新技术都离不开物理，同时也可以讲一些物理学家创造发明的故事，做几个有趣的物理实验，使每个同学的激情和学习欲望达到高潮。激情高涨的课堂，加上挑战性的教学，一些平时不起眼的学困生很快会掌握物理的学习方法，尝试学习成功的体验，激发学习兴趣，学困生会因此而减少。

三、初三阶段以化学为突破口，做到整体提高

孩子上了初三，随着年龄的增长，身高体重的增加，那些平时调皮的学生自然也会变成熟、老练，不再打打闹闹，性格也不会像初一、初二那样急躁。加之面临初中毕业和升学考试，再差的学困生也会有学好的欲望，作为化学老师此时要抓住每个学生的求学心理，激发每个学生的学习兴趣，不要对基础差的学生有偏见，以每一个学生都是好学生的心态传授知识，对个别学习态度有反复的学生多付出耐心、爱心，从简单知识开始，逐步加深，久而久之，学困生的比例也就会减小。

如此看来，初中三年，年年都有新的突破口，我们应牢牢抓好这三个突破口来激发学生的学习欲望，以这三个突破口来激发学生的学习兴趣，以这三个突破口来取得整体提高。这样，农村中学的学困生会不断减少。

最重要的是尊重

尊重他人，才会赢得他对你的尊重。作为一名教师，要想得到学生的尊重，首先应尊重学生。尊重学生，包括尊重学生的人格、自尊心、自信心以及学生的情感、情绪和想法等。尊重学生是教师教学工作成功与否的重要条件。我在教学工作中所经历的几件事让我深深地感到尊重学生的重要性，它不仅直接影响教师的教育教学工作，而且对每个学生的个性发展、心身健康、学习兴趣等方面都有着重要的影响。

记得初登讲台时，有一次，上课时我发现一名学生不注意听讲，走过去一看，这位学生正在"作画"。拿起一看，画的分明就是我的模样，脸型、发式、眼镜，还真挺像。再一细看，我发现了其中的问题，于是走上讲台，举起手中的画，微笑着对他们说："我很高兴这位同学为我画像，可是别丑化了老师。你们看，老师从不戴耳环、项链，更何况哪只麻雀敢落在老师头上为非作歹呢！"同学们听了都笑了。接着我走下讲台，对那位学生说："这幅画还给你，再给老师画一幅行吗？"

发生这件事之后，我发现，这个班的学生在上课时出奇地认真、自觉，在其他课上能闹得天翻地覆的他们，再没有给我出过任何难题。后来，我总想起这件事，假如我当时大发雷霆，怒斥学生一顿，再把学生的画撕了，其结果又会如何呢？其实，学生做事并无恶意，只是出于孩子的天真、单纯的一种行为，假如老师因此就认为学生是不尊重自己、有意刁难自己、与自己作对、没把自己放在眼里，其实这就曲解了学生；假如因此就大逞一番老师的威风，那就扼杀了学生心中的那份天真，构筑了一道阻隔师生感情的墙壁。尊重学生，就要尊重学生的那份天真、稚嫩和无知；尊重学生，也要尊重学生那颗童心。尊重学生，你会得到学生双倍的尊重。

在后来的教学中，遇到的一位学生让我更加懂得了尊重的重要和可贵。这位学生的家境十分贫寒，他的作业本总是正反两面用，而且用的铅笔很短很短了还在继续用，但作业写得工工整整、干干净净。几次注意和观察后，我想给他一些帮助。怎么帮呢？一次测验后，这位同学的成绩名列前茅，于是，我把他叫到办公室，拿出一些纸和笔还有本子，递到他手中，对他说："这是老师给你的奖品，希望你再接再厉。"直到现在，每年的教师节，我都会收到这位学生寄来的贺卡，上面总是一句话："老师，谢谢您，谢谢您对我的帮助，更谢谢您对我的尊重。"

尊重学生，也要尊重学生的自尊心、自信心。自尊心、自信心是学生取胜的法宝，是一生中战胜困难不断前进的关键因素。我也曾设想，假如我当时拿着作业本问他为何要用反面写，或者拿着那些纸和本子直截了当地告诉他以后不要用反面写，我想，学生的心里一定很难过，他会觉得自己很委屈，觉得老师不理解他，不尊重他的认真，那些纸和笔对他来说是很沉重的负担。他那颗正在成长的自尊心会因此而受到打击，同时受到打击的还有他的自信心。他相信自己，用极短的铅笔头也能写出工整的作业；相信自己虽然是用反面写，但他的作业不会比哪一个同学差，他能克服家境贫寒给他带来的不便，他对自己饱含着信心。因此，作为老师，就要保护学生的自尊心、自信心，不能一意孤行，单纯地从自我的角度去考虑问题，在不经意间挫伤了学生的心灵，给学生以极大的伤害。保护学生的自尊心、自信心，最重要的、最根本的就是要尊重学生。

在教学中，教师总希望每一名学生都能尊重自己，其实，换个角度想，每一名学生都在渴望着老师对他们的尊重。作为老师，应该深入到学生中去，深入到学生的心灵深处，关心学生，体贴学生，给予学生所渴望的理解和尊重。

还有一件事给我留下的印象也是很深的，我现在还会经常想起这件事。有一名学生，学习成绩不理想，但很认真刻苦，还具有一种踏踏实实的精神。有一段时间，我发现他的情绪很不稳定。为了鼓励他，我送了他一句话："志大鹏程远，不学燕雀恋小巢。"通过努力，他以优异的成绩考上了省立重点中学——宜章县第一中学，继而考上了重点院校。接到通知书后，他给我打了一个电话，说："周老师，我考上了，我的第一个电话就是打给您的。"后来，又收到了他的明信片，上面写着："周老师，谢谢您，是您那句'志大鹏程远，不学燕雀恋小巢激'励着我不断努力，才有了今天。"其实，从当时看，我并没有想到一句话的作用会如此大，可是，从今天来看，这不只是一句话的事，更重要的是一个老师对学生的尊重。要尊重学生的智力，尊重学生的认真，尊重学生的刻苦，尊重学生的踏实精神，同时，也是尊重学生的情绪，尊重学生的理想和志向。尊重学生的智力，可以增强学生的自信心，努力挖掘自身的潜力；尊重学生的认真刻苦，可以鼓励学生的积极性，促使学生不断进取；尊重学生的踏实精神，肯定学生的这一优点，就如同给学生吃了定心丸，使学生安心学习，不断积累；尊重学生的情绪，可以使学生认识到情绪的波动是正常的，从而放下沉重的心理包袱；尊重学生的理想、志向，可以促使学生朝着自己的目标努力奋进。

尊重学生，就要尊重学生的方方面面，要站在学生的角度理解学生的心情、处境、状态和想法，要给予学生关心、爱护、表扬和鼓励，而不是斥责、埋怨、批评和讥讽。这样做，不仅会使学生健康成长，老师也会赢得学生的尊敬。

总之，尊重是金，播种金子，收获的是灿烂；尊重如钥匙，它能启开封闭的心扉；尊重似水，它能轻柔滋润学生和老师的感情。蹲下身来掬一捧水，解渴的不仅是老师，更是学生。

浅谈现代班级管理

班主任工作，在学校工作中是十分重要的环节。班主任工作的好坏，直接影响到班级的好坏，关系到班风、教风、学风、校风；关系到学校教育和学校工作能否顺利进行；也关系到学生能否全面发展，顺利成才。因此，班主任不仅责任重大，而且工作繁杂。作为现代学校的班主任，应注重自身修养素质的提高，善于总结经验，寻找规律，做到脑中有魂（师德），心中有法（现代管理经验），手中有术（管理方法和手段）。

一、以德治班

正己而后才能正人。教师是最好的"教科书"，教师的言行对学生的影响是全面的、深刻的，尤其是对学生的情感和品德方面有着直接的影响的。班主任树立威信，应以健全高尚的人格、良好的心理品质，通过学校的日常工作和生活，潜移默化地去影响学生，熏陶学生。苏霍姆林斯基曾这样说过："如果教师本人在他的学生心目中没有威信的话，不论教师把劳动说得多么伟大，多么高尚，那不过是空话而已。而当学生毫无保留地依赖他的精神力量时，就会爱戴他，并听从他的引导。"在学生眼中，教师是大爱的使者，言行的楷模。如果班主任没有责任心，无视学校纪律，上班迟到早退，上课随心所欲，一节课上到哪算哪，那么学生又怎么可能遵守纪律，严于律己呢？如果班主任意志消沉，疏松懒散，不做工作反而满腹牢骚，那么他的学生又怎么可能养成勤奋上进，争先创优的学习精神呢？而一个性格孤僻、缺少爱心的班主任，他的学生一定不会团结友爱，不会有健康的心理品质和良好的行为习惯。因此，在班风建设中，班主任一定要首先加强自身修养素质的提高，以德育人，以德治班，要求学生做到的，自己首先做到，做学生的表率，以自己的言行去带动和影响学生。

二、创双优环境

首先，要创设一个良好的学习环境。学校的中心工作是教学，学生的首要任务是学习。而教学工作的顺利展开，学生学习任务的顺利完成，都依赖一个良好的学习环境。因此，班主任应着重培养学生正确的人生观、知识观、学习观，使学生树立求学成才的意识，明确学习的目的，增强学生的求学欲望。当学生明确了学习目的和具有强烈的求知意识之后，他们就会把精力集中投放到学习之中去，并会积极主动地去学习，创造条件、抓紧时间去学习，从而在班内形成主动、自觉、勤奋上进的学习氛围。

其次，营造和谐温暖、文明愉快的情感环境。我认为，师德之魂在于"爱"。爱可以拉近师生之间的情感距离，是师生交流的黏合剂。有的班主任认为，只要板起脸孔，"严"字当先，学生自然会怕你，他们会对你远望而急避，闻之而声禁。但他们并不服你，更不会敬你，同时也对你关上了心灵之门。"当学生震慑你的威力时，心里只有害怕，还谈什么主动全面地发展呢？"因此，给学生创造良好的学习环境，应该是"爱"字当先，严而有爱。热爱学生是教师施展教育才华的前提条件。只有发自内心地去关心、爱护学生，才可能做到真正意义上的尊重学生，维护学生的自尊与人格。而当学生感受到师爱之后，自会努力地学习，把教师的关心爱护当作学习的动力，以优异的成绩回报师爱。

班主任更要把爱心传递给班内的学困生，做好学困生的转化工作。有的学生受社会、家庭的不良影响，养成许多不良习惯，思想上也有许多错误认识，有的产生严重的厌学情绪。他们把这些不良因素带到学校，带进班级，自己不爱学习还去引诱、影响其他意志薄弱的学生，给班级造成混乱，甚至更大的不良影响。班主任一定要善于及时发现不良苗头，通过及时的思想教育，引导学生转变，以防患于未然。针对这类学生，班主任不但要有爱心，还要有耐心和信心，尽可能地给他们创造条件，使他们尝试成功，品味成功的喜悦，唤起他们的进取心。当他们重新找回自尊自信，他们会以更大的精力和热情投入到学习之中。厌学的学生少了，随之而来的是良好的班纪、班风和学风。

班主任还应协调好同学之间的关系。好的班级，学生之间是团结友爱，互帮互助的。同学之间的竞争，也是在你追我赶的学习气氛中争先创优，互相促进。班主任不光要对学生一视同仁，还应为学生的交往搭建友谊之桥。通过教育，克服尖子生的优越感，让他们以真诚之心去接近和帮助学困生，以优带差，在温暖和谐、文明愉快的环境中实现整个班级的共同进步。

我的孩子我的班

教育是一门科学，管理是一种艺术。一位班级管理不成功的班主任，其失败的理由可能会有一百条，而一百位优秀的班主任，其成功的经验肯定有一条，那就是热爱学生。

有了爱这个支点，教育就不仅仅是一种手段、一项工作、一件事情，而是一种力量、一种智慧、一份快乐。通过多年的班主任工作，我总结班主任工作经验如下：

一、学会正确关爱，营造温馨班级

一个班，关起门来就是一个大家庭。如果这个大家庭中的每一个同学都如兄弟姐妹般互相关心着、帮助着、照顾着、鼓舞着，那么这个班便是温馨的、温暖的。我是如何努力来营造一个温馨的班级的呢？

（一）"偏爱"学困生

在班级管理中，我努力将自己"与人为善"的爱心和班集体"普遍的友爱"倾注给学困生，给他们以更多的关注、更多的投入。在班集体中，我总精心营造一种平等、和谐、友爱的气氛，让他们体验集体的温暖和同学间的友谊，让他们感受到自己在班上有一席之地。

大胆吸收这些学困生参与班级管理，让他们在管理中克服自身不良的行为习惯。这学期，这种委以任务的方法也不失为转化学困生的一种行之有效的方法，用百分之百的热情，去争取哪怕百分之一的效果。

（二）严爱学优生

学优生，谁都爱他们。也正因为如此，学优生的缺点往往容易被忽视、掩盖，被原谅、袒护。但小的缺点也会造成大的隐患，对这类学生，我从不宠溺他们，更不迁就他们。

时时提醒他们"做学问得先做人"，做一个正直的人，热情的人，向上的人。优生不单纯是学业要优，更重要的是人品要优，心胸要广，心理要健康。成天被人赞誉的学生，只能在理智深沉的爱之中，严格要求，警钟常敲，才能克服自身的弱点，扬起风帆前进。

（三）博爱中等生

中等生往往是一个班中容易被忽略的群体，他们有比较稳定的心理状态，他们既不像学优生那样容易产生优越感，也不像学困生那样容易自暴自弃。他们是班集体的一面镜子，他们希望老师重视他们，但又害怕抛头露面。

对这类学生我掌握他们的心理特点，调动他们的积极因素，正确对待他们的反复，始终如一地尊重、理解、信任他们。

二、实施自我管理，培养管理能力

班级常规管理是一项整体的育人工程。把学生的积极因素调动起来，才能形成合力，共同构筑学生自我管理机制。因此，我想方设法构建学生自我管理体制，为学生设置多种岗位，让每个学生都有机会上岗"施政"，有服务同学、锻炼自己、表现自己、提高自己的机会。

当然，班规的具体内容每学期都根据班级的实际情况和学校的要求，及时地作出适当的调整，使班规跟上学生、班级的变化。不断提高要求，引导学生的行为和品德向更高的层次发展，促使学生通过自我教育、自我调整而不断成长。

（一）建立值日班长制

按学号轮流来当值日班长，班中的事由值日班长全权负责，常务班长协助工作。值日班长负责检查当天的卫生、纪律，督促每一位同学做好自己的分内事，记载班务日志，检查班干部的工作情况。

这样极大地激发了学生的主动性，培养了他们的才能，班组的自我管理得到了加强，班集体内部也日趋团结。

（二）民主改选班干部

为了使更多的学生有当班干部的机会，让每一个学生都相信"我能行"，同时也能时时督促班干部把事情做好，我采取干部定期轮换制的方法。班干部从同学中间选举产生，由学生自我推荐作竞选演讲，再由学生无记名投票，民主选举，组建班委会。

这样既可以给更多的学生提供锻炼的机会，又有利于学生干部摆正个人和集体的位置，正确处理个人与集体的关系。班干部的职责是协助值日班长管理班级，负责文娱、体育、劳动、学习等各方面的工作，并记录工作情况。

（三）事事落实到个人

明确每位学生在班级中的位置和责任，使学生体会到自身的价值和尊严。为调动每一个学生的积极性，就要使每一位学生都可以在班级中找到一个合适的位置，担负一项具体的工作，人人都为集体作贡献，人人都意识到自己是班集体中不可缺少的一员。

我在班级管理中建立起了一套"事事有人干，人人有事干"的制度。它包括班干部管理制度、值日生管理制度和任务承包责任制度。在这种广泛的参与过程中，使学生在集体中找到自己的"位置"，觉察到自己的重要性所在，从而形成责任意识。

三、塑造自身形象，赢得学生信赖

孔子早在两千多年前就说过："其身正，不令而行；其身不正，虽令不从。"因此我努力做到以下两点：

（一）好学上进，不辜负学生

教好书是育好人的前提。同时，班主任日常表现出来的事业心和忘我工作精神，也能给学生以极强的示范作用和影响，从而转化为特殊的感召力。

（二）尊重学生，不远离学生

俗话说："严是爱，松是害，不教不管会变坏。"我努力做到真心爱护我的学生，严格要求他们，但是是在充分尊重学生的基础上严格要求的。

班主任工作精细而又烦琐，这是在广阔的心灵世界中播种耕耘的职业。在今后的教育生涯中，我将用我的青春继续耕耘属于我们的那片园地。我无悔，我高兴，因为我是一个班主任。

"凝聚集体力量，共筑班级荣光" 主题班会

班会主题：凝聚集体力量，共筑班级荣光

班会目的：通过本次班会，让学生深入理解集体主义荣誉感的重要性，明白班集体是一个不可分割的整体，引导学生积极参与班级活动，齐心协力为班级争光，培养"班荣我荣，班损我耻"的意识。

班会时间：2013.9

班会地点：150班教室

参与人员：全班同学

班会流程：

一、开场导入（1分钟）

主持人面带微笑，精神饱满地走上讲台，用洪亮且富有亲和力的声音开场发言："同学们，大家好呀！我们每天都相聚在这个温暖的班级大家庭里，一起学习、一起玩耍、一起成长。可是，你们有没有认真思考过，我们每个人和班级之间到底有着怎样千丝万缕、紧密相连的关系呢？今天，咱们就专门来一场深入的探讨，一起聊聊如何去爱护和维护我们的班集体，怎样齐心协力让咱们这个大家庭变得更加优秀，收获满满的荣誉。现在，我

宣布,'凝聚集体力量,共筑班级荣光'主题班会正式开始啦!"

二、木桶原理讲解（3分钟）

主持人打开精心准备的 PPT,展示出一张清晰的木桶图片,开始引出木桶原理:"同学们,来,先看看这张图哈,这是一个木桶,它是由一块块木板组成的。你们知道吗？一只木桶能盛多少水呀,可不是取决于最长的那块木板哦,反而是由最短的那块木板来决定的呢。"

说着,主持人用手比画着木桶上长短不一的木板,进一步解释道:"这就跟我们的班集体特别像呀。咱们班级的整体水平、能获得的荣誉可不是只看那些成绩特别好或者某方面特别突出的同学哦,而是和每一位同学的表现都息息相关呢。打个比方,如果有同学在学习上老是偷懒,作业不认真完成,或者在纪律方面总是违反规定,又或者参加班级活动的时候总是不积极,那他就好比是这个木桶里比较短的木板啦,这样一来,咱们整个班级这个'木桶'能装的'水'——也就是咱们能收获的荣誉,可就会大打折扣了呀。但要是我们每一位同学都能积极向上,发现自己哪方面不足就赶紧努力补齐自己的'短板',那咱们班级这个大'木桶'就能汇聚满满的力量,装下更多的'水',也就是能收获更多、更耀眼的荣誉呢。"

接下来,主持人邀请同学们举手分享听完木桶原理后的感受,有的同学说:"我明白了,我们每个人都很重要,不能拖班级后腿。"还有的同学讲:"原来班级的荣誉是要靠大家一起努力,我以后得更积极参加活动了。"主持人认真倾听每位同学的发言,并适时给予肯定和回应,引导大家继续深入思考在班级中自己所扮演的角色以及对班级的影响。

三、班级故事分享（16分钟）

主持人热情地说道："其实呀，在咱们班级过往的日子里，就有好多事儿充分体现了大家齐心协力为班级争光的精神呢，下面就有请几位同学上台来给大家讲讲那些让人难忘的故事吧。"

第一位同学小芳走上台，脸上洋溢着自豪的笑容，开始讲述学校运动会上的故事："同学们，还记得上次学校运动会的接力比赛吗？刚开始呀，咱们班在这个项目上真的不被看好呢，别的班都觉得咱们没什么竞争力。可是，咱们参赛的那几位同学可不服输呀，他们站在起跑线上的时候，眼神里全是坚定。发令枪响了，第一棒的同学就像离弦的箭一样冲了出去，交接棒的时候也特别稳。中间有位同学不小心摔倒了，当时我们心里都'咯噔'一下，可他呀，立马就爬起来，顾不上身上的疼，继续奋力往前跑。旁边的啦啦队同学也特别给力，嗓子都喊哑了，一直在给大家加油助威。最后，咱们班硬是靠着这种拼劲，取得了优异的成绩呢。那一刻，我真的特别骄傲，觉得咱们班级太团结、太厉害了！"

同学们听完，响起了热烈的掌声，仿佛又回到了那个热血沸腾的赛场。

接着，另一位同学小王分享班级文化建设评比的故事："还有那次班级文化建设评比呀，咱们可是全员出动呢。老师布置好任务后，大家就分工合作开了。会画画的同学主动拿起画笔，在展示区精心绘制各种漂亮的图案；写字好看的同学就负责写文案，把咱们班级的特色、风采都用优美的文字展现出来；还有好多同学忙着布置、搬桌子、挂装饰，一个个忙得不亦乐乎。大家心里都想着要把咱们班级最好的一面展示出来，结果呀，咱们的展示区焕然一新，评委老师们走过都忍不住称赞呢。最后咱们班还得了奖，这都是大家齐心协力的功劳呀！"

每讲完一个故事，主持人都会和同学们一起回顾当时的场景，问问大家当时的感受，引导同学们更加深刻地体会到当大家心往一处想、劲往一处使时，班级就能绽放光彩，而这份荣誉是属于每一个人的。

四、小组讨论（15分钟）

主持人组织同学们分组："好了，听完这些故事，相信大家都感触很深，现在咱们分成小组，围绕'在今后的学习和生活中，我们如何为班级贡献力量，提升班级的集体主义荣誉感'这个话题好好讨论讨论吧。每个小组都要推选一名代表哦，一会儿来给大家分享你们小组的好想法。"

同学们迅速行动起来，围坐在一起，你一言我一语地热烈讨论着。有的小组说要建立学习互助小组，帮助成绩暂时落后的同学提高成绩；有的小组提议制定班级纪律监督制度，大家互相提醒，共同维护班级的良好秩序；还有的小组计划以后班级活动提前精心策划，争取让每个同学都能参与进来并且发挥特长。

在讨论过程中，主持人穿梭在各个小组之间，倾听大家的想法，适时引导同学们从更多方面去思考，鼓励那些不太爱发言的同学也大胆说出自己的意见。

五、总结发言（5分钟）

班主任走上讲台，脸上带着欣慰的笑容，开始总结发言："同学们，今天的班会真的特别有意义呀！咱们一起深入了解了木桶原理，又回顾了那些让人热血沸腾、倍感温暖的班级故事，还进行了热烈又有深度的小组讨论。班级呀，就是我们共同的家，它的荣辱与我们每一个人都紧密相连。就像大家说的那样，我们每个人都是班级这个大集体中不可或缺的一部分，希望大家都能牢牢记住'班荣我荣，班损我耻'这句话，在今后的日子里，不管是学习上，还是生活中，都积极主动地参与到班级的各项事务里，齐心协力，让我们这个集体变得越来越优秀，收获更多更多的荣誉！老师相信，只要我们团结一心，咱们班级一定会成为校园里最耀眼的存在！"

六、结束（5分钟）

主持人再次回到讲台中央，充满激情地宣布："今天的'凝聚集体力量，共筑班级荣光'主题班会到这儿就要结束啦！最后，让我们一起在这首《阳光总在风雨后》的歌声中，感受团结奋进的力量，带着对班级满满的热爱和责任感，去迎接今后美好的学习生活吧！"

随着激昂的音乐响起，同学们有的轻声跟唱，有的互相交流着班会的收获，大家都沉浸在积极向上的氛围中，班会圆满落下帷幕。

通过这样一次内容丰富、过程性十足的主题班会，让集体主义荣誉感的种子在同学们心中深深扎根，激励大家为班级的美好未来共同努力。

NO.5 教艺热谈篇

"教师数字素养，赋能集体备课"培训心得

在信息技术飞速发展的今天，AI教学已经不再是遥不可及的概念，而是实实在在地走进了我们的课堂。最近，我有幸参与了一场以多款AI工具应用于集体备课大赛的培训活动，并聆听了AI教学讲座，这让我对AI在教育中的应用有了更深刻的理解。

首先，我想提出一个问题：AI技术如何在集体备课中发挥作用？在集体备课大赛中，我们看到了AI工具的高效协作能力。它们能够快速分析大量的教学资源，为教师提供个性化的教学建议，这无疑提高了备课的效率和质量。

接下来，我将分析这一现象。AI技术之所以能在集体备课中大放异彩，是因为它能够处理和分析传统方法难以企及的数据量。例如，AI能够通过自然语言处理技术理解教师的需求，并提供相应的教学资源。例如，有的AI工具专注于文言文教学，它能帮助教师快速找到适合学生水平的文言文材料，极大地丰富了教学内容。

然而，AI技术的应用也带来了新的挑战。如何确保AI提供的教学建议符合教育理念和学生实际需求？这需要教师具备一定的技术素养，能够对AI的建议进行甄别和调整。同时，这也要

求 AI 系统的设计者更加深入地理解教育学原理和学生心理。

在 AI 教学讲座中，专家们提出了一个观点：AI 技术应该成为教师的助手，而不是替代者。AI 可以承担一些重复性的工作，让教师有更多的时间和精力去关注学生的个性化需求和情感发展。

为了论证这一观点，我们可以从多个案例中看到，当教师与 AI 技术有效结合时，教学效果显著提升。例如，在集体备课大赛中，教师们利用某款 AI 工具进行教学设计，不仅节省了时间，还提高了教学方案的创新性和实用性。

然而，要实现这一目标，我们需要提出一个方案。首先，教师需要接受相关的 AI 技术培训，了解如何操作和利用这些工具。其次，教育机构应该为教师提供足够的资源和支持，帮助他们将 AI 技术融入日常教学中。

在讲座中，专家强调了保护学生数据的重要性，并提出了相应的数据保护措施。这要求我们在享受 AI 带来的便利的同时，也要确保技术的安全和合规。

总之，AI 技术在集体备课和教学中的应用，无疑为教育领域带来了革命性的变化。它不仅提高了教学效率，还为个性化教学提供了可能。但与此同时，我们也必须警惕技术可能带来的风险，并采取措施确保其安全、合理地服务于教育事业。

通过这次活动和讲座，我深刻认识到，作为教育工作者，我们需要不断学习和适应新技术，以便更好地利用 AI 技术为学生服务。数字赋能，为集体备课服务，为教学服务。

人无完人　金无足赤　有则改之　无则加勉

从教 30 余载，可谓桃李满园。虽然兢兢业业，勤勤恳恳，可是某些固有的思想根基未动摇，某些传统老套未丢，以至于成为教学中的桎梏。现通过师德学习领悟不少，深刻反思一下，有许多不足之处，写出来大家共勉。

一、操之过急，没有等待的雅量

我班问题学生多，双亲在外的留守学生多，在家代为看管的爷爷奶奶简直就是摆设。为此，让我伤透不少脑筋。

如我班彭同学，他爸爸在韶关打工，妈妈在东莞打工，由爷爷奶奶照看。奶奶心疼孙子，每次说有什么病痛就会掏钱，就会心软。一次，他说有病，头痛，就请假回去了，我只批假一天，结果他星期三回去，一直到星期五也没来学校。其实他并不是真正头痛，而是请假回去上网了。我立即联系家长，说清楚情况，并强调学生不能随便不来学校，影响极坏，到时候有样跟样，不好管理班级。还有一次，学校发通知打预防针，预防脑膜炎，他打着学校有打预防针通知的旗帜，向奶奶要了 125 元钱。结果自己又没有去镇卫生院打针。我问他钱用到哪去了，他说丢了，家里问他钱用哪了，他说打预防针了。总之，这笔钱不见了。10 月

29日下午，学校体操比赛，赛后他就溜回了家，在家用电话补的假。曹同学也在他的影响下不见了，不知去向。这次是星期二就溜掉了，也是到星期五没来。他还真是大方，想上网了就说头晕了（当晚，我打电话给他奶奶，说他生病了，在不在家，他奶奶说没在家，在网吧上网，拉都拉不回来）。这次，他把11月份的伙食费用掉了，还借了同学100元钱。我真是火冒三丈。

每次他来校后，我都耐心加细心地开导教育他，上网的利弊，学习的重要，好习惯的养成，等等。每次他都承诺得很好，会改。可是一有钱，一有空，他的腿肚子就软了，有时甚至爬防盗网出去上网。

半个学期了，我给了他无数次机会，等他回头，你说我是放弃呢？还是继续等待？

二、工作与家庭不协调，心理不和谐

工作很重要，家庭也不能放弃。可是在我的心中，这杆秤明显不平衡。工作可以是我的全部，但对待家庭我就很潦草。进行教师职业道德远程研修后，我明白了很多道理。

专题《教师的素养》中讲道：一个优秀的教师，除了要具备丰富的专业知识、精熟的教学技巧外，更重要的是需要具有健全的人格与健康的心理状态，但事实上，教师是心理问题的多发群体。社会心理学的研究表明，凡是对他人高度负责的角色，都要经受相当多的内心冲突与不安。教师工作除了脑力劳动强度较高外，还要对社会、对家长、对学生的成长高度负责。教师每天都要接触带有情绪色彩的活动，体验情绪上的紧张和痛苦，使得他们出现心理问题的概率确实比其他人群高。教师往往会感受到更多的职业压力，这种情况如果得不到及时疏导改善，势必使教师群体的心理健康状况进一步恶化，不仅影响教师自身，还会投射到学生身上，对青少年的教育和成长也会造成十分严重的消极影响，甚至发生很多不该发生的悲剧。

一个家庭不和谐的教师不是优秀的教师。在有一个专题中讲到美国评选优秀教师的标准，我觉得很有道理。中国古代就有"齐家治国"的思想。家庭是社会的细胞，家治理好了，国家就太平了。

其次，我的心理不和谐。工作中遇到了问题，比如：招考，处理学生问题，等等，我的心情就很烦躁，在学校自己能够忍住，在家里就发泄。越想就越想不通：觉得自己无能，无助，无力。接着家里就"暴风骤雨""电闪雷鸣"。其实这些做法不对，伤害了丈夫和孩子。自己糟糕的情绪使家庭乌云密布，这不是一件好事，我应该要适时调整好自己的心态，每天的太阳都是新的，用微笑代替烦恼，勇敢地面对一切。只要心态好了，位置站正了，许多事情就迎刃而解了。

三、不能很快地适应现代化教育教学手段

我建好了班级QQ群，也不敢公开告诉学生，因为担心学生借此机会上网。我在群里放了一些学生体操比赛的照片和录像，还有班级获得的流动红旗照片。也许是我的教育思想落后吧。我想还是选一个适当的时机告诉大家一起分享班级的成长和喜悦，而且通过QQ群可以发送一些消息、通知，也可以在此与学生交流，与家长交流，更好地了解学生的动态。

如今的电子网络备课是现代化发展的趋势。我觉得把纸质备课丢了，还是有些不习惯。纸质备课还是有很多优点的：练字、方便、不需要网络、没有辐射……是很环保的备课方式。现在每

位教师都要用电脑备课,可是不是每位教师都有电脑,没有解决工具的问题,劳动效率就不高。

学校的班班通还是很实用的,用 PPT 教学比常规教学方便,易懂,容量大,直观高效。可是准备 PPT 的过程还是要通过电脑,没有随身电脑还是不方便,急切需要完善教学设备。

师德师风学习心得体会

教师，是一份承载着重大责任与使命的职业，它关乎着学生的成长、未来以及整个社会的发展。通过近期的师德师风学习，我对教师这个角色有了更为深刻和全面的认识，也在诸多方面收获了满满的感悟，以下便是我的心得体会。

一、教师要有事业心，以教育为终身追求

事业心是教师从事教育事业的内在动力，它体现着教师对教育工作的热爱和对专业发展的执着追求。拥有事业心的教师，会将教育视为自己一生的事业，而非仅仅是一份谋生的工作。

就拿我们学校的周老师来说吧，从教 31 年，从事英语教学 20 多年。在这漫长的岁月里，她从未停止过对教学方法的钻研和探索。即使早已对教材内容烂熟于心，她依然每学期都会根据最新的教育理念和学生的实际情况重新设计教学方案。她积极参加各类教学研讨活动，学习新的教学模式，回来后再结合班级学生的特点进行实践应用。曾经有一次，学校安排她准备一节送教下乡课，她为了呈现出最好的教学效果，连续几个晚上熬夜查阅资料、制作精美的课件、反复试讲，不断调整教学环节中的细节问题。最终，那节课获得了校内外老师的一致好评，也让学生们在轻松愉快的氛围中学到了扎实的知识。周老师用自己的行动诠释了什么是对教育事业的热爱，她的事业心感染着身边每一位同事，也激励着我们不断追求更高的教学质量。

作为教师，我们应当以周老师为榜样，把教育当作自己的终身事业，不断进取，用自己的专业知识和技能为学生点亮前行的道路，为教育事业的发展贡献自己的力量。

二、关爱学生，用爱浇灌成长之花

教育是爱的艺术，没有爱就没有教育。学会关爱学生是教师师德师风的重要体现，我们要关注学生的学习，更要关心他们的生活、身心和成长发展。我还记得班上曾经有个性格比较内向的学生小黄，成绩一直不太理想，在课堂上也很少主动发言，总是默默地坐在角落里。我注意到这个情况后，主动找他谈心，了解到他因为父母常年在外打工，内心比较缺乏安全感，学习上遇到困难也不敢向别人请教。于是，我在课堂上会特意给他创造一些简单的回答问题的机会，鼓励他勇敢表达自己的想法，每当他回答正确时，我都会给予及时的肯定和表扬。课后，我还抽出时间为他辅导功课，耐心地帮他解答每一个疑问。慢慢地，他变得开朗自信起来，成绩也有了明显的提高。

这件事让我深刻体会到，教师的关爱对于学生来说就像阳光雨露，能够滋养他们的心灵，让他们茁壮成长。我们要用心去倾听学生的心声，用爱去包容他们的不足，让每一个学生都能在充满爱的教育环境中感受到温暖，找到学习和生活的乐趣。

三、勤教学、勤备课、勤管理，扎实做好本职工作

教学工作是一项需要持之以恒付出努力的工作，勤教学、勤备课、勤管理是确保教学质量的关键。

勤教学，要求我们在课堂上要全身心地投入，精心组织教学活动，关注每一位学生的学习状态，及时调整教学节奏。例如，在讲解数学难题时，我会通过多种方法进行讲解，从不同角度启发学生思考，鼓励他们提出疑问，然后针对大家普遍存在的问题进行重点突破，确保学生真正理解掌握知识点。

勤备课更是必不可少的环节。每次备课，我都会深入研究教材内容，分析教学目标和重难点，结合学生的实际知识水平和兴趣点，搜集丰富的教学素材，设计出富有吸引力的教学环节。

勤管理则体现在对班级日常事务的用心打理上。从班级纪律的维护到学生之间矛盾的协调，从学习氛围的营造到良好行为习惯的培养，每一个细节都需要我们用心去关注和处理。只有做到这"三勤"，我们才能为学生创造一个良好的学习环境，让教学工作有条不紊地开展。

四、树立正面形象，发挥榜样作用，引领学生成长

教师的言行举止对学生有着潜移默化的影响，我们要时刻注意自己的形象，为学生树立正面的榜样。

我们年级的李主任就是这样一位深受学生尊敬的榜样教师。他每天总是第一个到达学校，最后一个离开，无论遇到什么困难和压力，在学生面前永远都是精神饱满、积极乐观的样子。他言行一致，要求学生做到的事情，自己首先会做到。有一次，学校倡导大家爱护校园环境，主动捡起地上的垃圾。李主任不仅在大会上向学生宣传这一理念，在日常校园生活中，只要看到地上有垃圾，他都会主动弯腰捡起。久而久之，学生们也都纷纷效仿，校园环境变得越来越整洁。

教师就应该像李主任一样，用自己的实际行动传递正能量，让学生在耳濡目染中受到良好品德的熏陶，引导他们树立正确的价值观和行为准则，成为有担当、有责任感的人。

五、乐于奉献，在教育中实现自我价值

教育工作往往需要教师付出大量的时间和精力，乐于奉献是教师必备的品质之一。许多老师牺牲自己的休息时间为学生辅导功课、组织课外活动、参与校园文化建设等，却从不计较回报。就像我们学校的音乐老师王老师，为了筹备学校的文艺汇演，她放弃了周末和节假日的休息时间，精心编排节目。从挑选曲目、指导学生排练到设计舞台动作和服装，每一个环节她都亲力亲为。在她的努力下，学校的文艺汇演取得了圆满成功，学生们在舞台上展现出了自信和风采，而王老师虽然疲惫却满脸欣慰。

正是因为有无数像王老师这样乐于奉献的教师，学校才能充满生机与活力，学生们才能在丰富多彩的校园生活中得到全面发展。我们要以奉献为乐，把学生的成长和进步当作自己最大的幸福，在奉献中实现自己作为教师的独特价值。

六、保持乐观心态，笑对工作中的苦与累

教师的工作并非一帆风顺，常常会面临各种各样的压力和挑战，但无论工作有多苦，我们都要学会乐观面对。

记得有一段时间，班级里的纪律有些松散，学生们的学习积极性也不高，同时我还要准备教学比赛，感觉压力特别大，心情也很烦躁。但是我知道，消极的情绪解决不了任何问题，于是我调整心态，积极寻找解决办法。我先和班干部一起分析班级纪律问题的原因，制定了相应的管理措施，然后在课堂上通过组织有趣的学习活动来调动学生的积极性。对于教学比赛，我把它当作一次提升自己的机会，一步一个脚印地准备着。最终，班级纪律

得到了改善，学生们的学习状态越来越好，我也在教学比赛中取得了不错的成绩。

乐观的心态能够让我们在面对困难时保持冷静，激发我们的智慧和潜能，让我们在教育工作中不断克服困难，收获成长和进步。

七、争取当班主任，全面助力学生成长

班主任是学生成长道路上最重要的引路人之一，承担着更全面的教育责任。虽然班主任工作琐碎且辛苦，但却有着独特的意义和价值。

我身边的班主任赵老师就是一个很好的例子。他每天早早地来到学校，陪着学生晨读，课间和学生一起聊天，了解他们的想法和需求，放学后还要处理班级的各种事务，关注每一位学生的学习和生活情况。他就像一位大家长，关心着班里每一个孩子的成长。在他的悉心引导下，班级凝聚力很强，学生们在学习和品德方面都有了很大的进步。

我深知班主任工作对于学生成长的重要性，我担任班主任约20年，很多情况下是中途接班，我深入地参与到学生的生活中，全方位地关注他们的发展，帮助他们解决成长过程中遇到的各种问题，为他们的未来奠定坚实的基础。

总之，通过这次师德师风学习，我更加明确了自己作为一名教师的责任和使命。在今后的工作中，我将以更高的标准要求自己，努力践行这些师德师风要求，用自己的实际行动为学生的成长、为教育事业的发展贡献自己的力量，成为一名让学生喜欢、家长满意、社会认可的好教师。

初中英语写作复习——兴趣与爱好

——点评廖慧婷"送教下乡"的课

五月芳菲寻踪迹，万物初醒展芳枝。五月，春风拂面，阳光明媚，万物复苏。在这生机盎然的季节里，我们迎来了送教下乡活动。首先，感谢初中英语工作室，感谢主持人刘娟老师，让我们工作室成员有机会与南部片的各位老师聚在一起研讨学习。其次，感谢十一中的领导和老师，为这次活动做出的努力和付出的辛劳。再次感谢廖慧婷老师和欧阳文鸢老师给我们带来的精彩课堂。

很荣幸让我来点评廖慧婷老师的课，我认为这节课上得很成功，该课完美体现了英语新课标的四大核心素养。在英语教学中培养学生的核心素养是时代发展的需要。我将从以下四个方面进行点评：

第一大点：教学目的。这堂课的教学目的明确，教学效果好。

1. 课堂开始，老师就给学生观看了一个视频热身，由视频引出喜好 Do you like…，导出课题 hobby，对业余爱好进行描述和解释 A hobby is an activity that a person likes to do in his or her free time.

2. 围绕课题谈论更多的业余爱好 more hobbies，并给业余爱好进行分类。

3. 展示图片，谈论他人的业余爱好，并说出对各业务爱好的看法。对学生进行思维品质的培养，选择有益的业余爱好。

第二大点：教学过程和方法。

1. 整堂课的教学设计符合初中学生的实际和教学内容的需要，教学各环节过渡自然。视频导入课文，通过图片展示 hobbies，谈到利弊，自己对业余爱好的选择和理由，运用相应的连词 and，as well as，not only but also 等使语句连贯。由 Words and expressions—Sentences—Passage 层层深入，由易到难，循序渐进，完全符合学生认知水平。

2. 教学设计思路清晰，有层次、有深度，特别是反馈形式多样，可见该教师花费了不少心思，如谈论爱好、提问、填空、对话等设计有梯度，并且都是围绕一个共同的教学目标。

3. 教学方法处处体现以学生为本，让学生说出自己的业余爱好，并能说出选此爱好的理由，充分尊重学生意愿和个性差异。

第三大点：学生学习情况。

1. 因教师的教学设计有新意，学生始终保持良好的学习心态。在获得知识的同时，思维能力也得到了锻炼，学习兴趣高涨，课堂气氛热烈，参与面广，体现出学生乐于探索、乐于参与的精神；老师采取循序渐进的原则，很顺利进行由看到说再到写的过渡。

2. 老师把写作技巧展示给学生并进行了指导，提高了学生语篇的构建能力。

3. 写作练习中给出了评分表，让同伴互评，学生能够进行自我检测，规范写作方法。

第四大点：教师素养方面。

1. 教师口语流利，发音标准，语言基本功扎实，可见教师对该课内容吃得很透彻，备课充分。

2. 教师教态自然，有时配合手势，有亲和力，教师指令明确、到位，善于启发学生，能因人而异，因材施教。

教学亮点：教学课件制作精美，结构合理，步骤清楚明白。大量展示图片，直观形象，便于学生谈论业余爱好。教师特别善于抓住细节，处处体现新课改目标，以学生为本，与学生维持"零"距离。所有这些，都给学生以极大的鼓励和信心，这正是该教师最成功之处，非常值得广大一线教师学习。

教学中的几点建议：

1. 写作中对作文的修改，展示学生的作文，老师点评时，应该圈点或者划线，留下修改痕迹。尽量让学生纠错，老师稍微指导和补充。点评作文时，还可以进行佳句、美词赏析。

2. 重点单词和句型可以让学生读出来，或者老师带读，以便理解和运用。比如形容词 interesting，healthy，harmful 等。

3. 课件内容较多，可以再整合一下，这样会更简洁明了。突出重点，突破难点，课堂时间会把控得更好，这样有的教学环节不至于那么匆忙。

4. 课堂板书可以再规范一些，尽量突出重点，主次分明，便于学生写作和运用。

指导青年教师不遗余力：全方位助力青年教师成长

摘要：本文旨在阐述在指导青年教师过程中的多方面举措，涵盖教育方法、教学方法、作业批改、英语作文写作指导、学优生与学困生辅导、班主任工作及班级管理、教案编写、集体备课指导、教育教学与科研论文以及评课议课指导等重要领域。通过这些针对性的指导，帮助青年教师迅速提升专业素养，更好地适应教育教学工作，实现自身的成长与发展。

青年教师是教育事业的新生力量，他们充满活力与创新精神，但往往在教育教学实践中缺乏经验。作为一名指导老师，有责任不遗余力地对青年教师进行全面指导，使其能够更快地站稳讲台，成为优秀的教育工作者。以下将从多个方面探讨具体的指导策略。

一、教育方法指导

（一）引导树立正确教育理念

帮助青年教师理解教育的本质是促进学生的全面发展，而不仅仅是知识的传授。让他们明白要尊重每个学生的个性差异，以学生为中心设计教学活动，注重培养学生的自主学习能力、创新思维和社会责任感。

（二）培养沟通技巧

良好的师生沟通是教育成功的关键。指导青年教师学会倾听学生的想法和感受，用温和、鼓励的语言与学生交流。无论是表扬还是批评，都要做到言辞恰当，让学生能够感受到教师的关爱与尊重。例如，在处理学生犯错的情况时，不要一味指责，而是引导学生认识错误并思考如何改正。

（三）因材施教策略

向青年教师强调每个学生的学习能力、兴趣爱好不同，要根据学生的特点制定个性化的教育方案。对于学习困难的学生，要给予更多的耐心和辅导；对于学有余力的学生，可以提供拓展性的学习任务，激发他们的潜力。

二、教学方法

（一）课堂导入技巧

教会青年教师设计新颖有趣的课堂导入，吸引学生的注意力，激发他们的学习兴趣。比如可以采用故事导入、问题导入、情境导入等多种方式。以英语课为例，如果要讲解关于动物的词汇，可先播放一段有趣的动物视频作为导入，让学生在轻松愉快的氛围中进入学习状态。

（二）多样化教学手段

鼓励青年教师运用多种教学手段，如多媒体教学、小组合作学习、角色扮演等。多媒体教学可以使抽象的知识变得形象直观；小组合作学习能培养学生的团队协作能力和沟通能力；角色扮演则可以让学生更好地理解课文内容，增强学习体验。

（三）课堂提问艺术

指导青年教师掌握课堂提问的技巧，问题要具有启发性、针对性和层次性。避免提出过于简单或过于复杂的问题，要让不同层次的学生都能参与到课堂提问中来。例如，在讲解数学定理后，可以先提出一些理解性的问题让全体学生思考，再提出拓展性的问题让学有余力的学生进一步探究。

三、指导编写教案

（一）教案结构规范

向青年教师介绍教案的基本结构，包括教学目标、教学重难点、教学方法、教学过程、教学反思等部分。要求他们按照规范的结构编写教案，确保教案内容完整、条理清晰。

（二）教学目标确定

指导青年教师如何根据课程标准和学生实际情况确定准确的教学目标。教学目标要明确、具体、可衡量，既要包括知识与技能目标，也要包括过程与方法目标以及情感态度与价值观目标。

（三）教学过程设计

帮助青年教师精心设计教学过程，要考虑到课堂导入、新知识的讲授、课堂提问、小组合作、课堂小结等各个环节。教学过程要流畅、紧凑，能够充分调动学生的学习积极性。

四、英语作文写作指导

（一）写作训练

指导青年教师从词汇、语法等基础方面入手训练学生的英语作文写作能力。让学生积累丰富的词汇，通过词汇游戏、词汇竞赛等方式增加学生学习词汇的兴趣。同时，要加强语法教学，通过例句分析、语法练习等让学生掌握基本语法规则。

(二) 写作技巧传授

传授给青年教师一些英语作文写作技巧，如文章结构的搭建、开头和结尾的写法、如何运用连接词使文章更连贯等。例如，在写议论文时，可以采用"总—分—总"的结构，开头提出论点，中间分点论述，结尾总结升华。

(三) 作文批改与讲评

在青年教师批改学生英语作文时，指导他们要从内容、语言、结构等多个方面进行综合评价。批改后要及时进行讲评，选取有代表性的作文在课堂上展示，分析优点和不足，让学生从中学习和借鉴。每次评改作文时给出评分表，老师进行范评、学生进行自评和互评。

五、学优生和学困生的辅导

(一) 学优生辅导

对于学优生，指导青年教师要给他们提供更具挑战性的学习任务，如参加学科竞赛培训、开展课外研究项目等。鼓励他们自主学习，拓宽知识视野，培养他们的创新能力和领导力。同时，要关注他们的心理状态，避免因为过度追求成绩而产生压力过大等问题。

(二) 学困生辅导

帮助青年教师制订针对学困生的辅导计划。要从基础知识抓起，耐心地给他们讲解基本概念、定理等。采用个别辅导与小组辅导相结合的方式，让他们在学习过程中感受到教师的关心和支持。同时，要注重培养他们的学习信心，通过"小步快跑"的方式让他们逐步取得进步。

六、班主任工作方法和班级管理

（一）班级规章制度制定

指导青年教师如何制定合理的班级规章制度，要充分征求学生的意见，让学生参与到规章制度的制定中来。规章制度要明确、具体，涵盖学习、纪律、卫生等各个方面，并且要有相应的奖惩措施，以保证制度的有效执行。

（二）班级文化建设

强调班级文化建设的重要性，帮助青年教师营造积极向上、团结友爱、富有特色的班级文化。可以通过开展主题班会、布置教室环境、组织班级活动等方式来实现。例如，每月开展一次主题班会，围绕不同的主题如"感恩""梦想"等进行深入讨论，增强班级凝聚力。

（三）学生问题处理

在学生出现问题时，指导青年教师要冷静分析，了解事情的全貌后再做处理。对于学生之间的矛盾，要引导学生换位思考，学会理解和包容他人。对于学生的违纪行为，要按照规章制度进行处理，但也要注重对学生的教育和引导，让他们认识到错误并愿意改正。

七、作业批改

（一）批改方式

向青年教师介绍多种作业批改方式，如全批全改、部分批改、面批面改等。全批全改可以全面了解学生的学习情况，但工作量较大；部分批改可以选择有代表性的作业进行批改，然后通过讲评让学生自查自纠；面批面改则针对个别学生的特殊情况，能更深入地指导学生，帮助他们解决学习中的具体问题。

（二）批改符号与评语

统一规范批改符号，让学生能够清晰地看懂教师的批改意图。同时，要注重撰写评语，评语既要指出学生作业中的优点，给予肯定和鼓励，又要委婉地指出存在的问题，并提出改进建议。例如："你的字迹很工整，这很棒！但在这道题的解题思路上还可以再拓宽一些哦。"

（三）作业反馈与跟进

强调作业批改后的反馈和跟进的重要性。批改完作业后，要及时在课堂上进行讲评，针对学生普遍存在的问题进行重点讲解。对于个别学生的问题，要在课后进行单独辅导，确保学生能够理解并掌握相关知识。

八、集体备课指导

（一）备课组组建

指导青年教师参与集体备课的第一步是组建合适的备课组。备课组要由同年级、同学科的教师组成，这样可以保证大家在教学内容、教学进度等方面具有一致性。

（二）备课流程规范

规范集体备课的流程，一般包括初备、研讨、修改、共享等环节。初备时，教师们各自根据教学大纲和学生情况编写教案；研讨时，大家聚集在一起，就教学目标、教学重难点、教学方法等进行深入讨论，提出各自的意见和建议；修改时，教师们根据研讨结果对自己的教案进行修改完善；共享时，将修改后的教案在备课组内共享，供大家参考学习。

（三）团队协作精神培养

在集体备课过程中，要注重培养青年教师的团队协作精神。

鼓励他们积极参与讨论，发表自己的意见和建议，同时也要尊重他人的观点。通过团队协作，共同提高教学质量。

九、教育教学与科研论文

（一）论文选题

指导青年教师如何选择合适的论文选题。选题要紧密结合教育教学实践，具有一定的现实意义和研究价值。可以从教学方法改革、学生学习心理、班级管理等方面入手，选取自己感兴趣且有一定研究基础的课题。

（二）文献综述

帮助青年教师学会撰写文献综述，要广泛查阅相关文献，了解前人在该领域的研究成果，分析现有研究的不足，从而为自己的研究找到切入点。

（三）论文写作规范

向青年教师介绍论文写作的规范，包括论文的结构（如标题、摘要、关键词、正文、参考文献等）、语言表达要求、引用文献的规则等。要求他们按照规范写作，确保论文质量。

十、评课议课指导

（一）评课维度

指导青年教师从多个维度进行评课，如教学目标是否达成、教学方法是否得当、教学过程是否流畅、学生参与度是否高、教学效果是否良好等。要让他们明白评课不是简单的批评，而是通过分析课堂教学的优劣，为教师提供改进建议。

（二）议课技巧

教会青年教师议课的技巧，在议课时要先肯定教师的优点，然后再客观地指出存在的问题和不足，并提出改进建议。议课的语气要温和、尊重，避免伤害教师的自尊心。例如，可以说："您这堂课的导入非常精彩，吸引了学生的注意力。不过在课堂提问环节，感觉问题的层次性还可以再优化一下哦。"

（三）自我反思促进

通过评课议课，引导青年教师进行自我反思，让他们将别人的课堂教学情况与自己的教学实践相联系，思考自己在教学过程中是否也存在类似的问题，从而不断改进自己的教学方法。

总结：对青年教师的指导是一项长期而系统的工作，需要在教育方法、教学方法、作业批改、英语作文写作、学优生和学困生辅导、班主任工作及班级管理、教案编写、集体备课、教育教学与科研论文以及评课议课等诸多方面不遗余力地进行。通过全面、细致的指导，能够帮助青年教师快速成长，提升他们的专业素养和教育教学能力，为教育事业的发展注入新的活力。作为资深教师，应持续关注青年教师的成长，不断完善指导策略，以适应教育发展的新需求。

附：

"青蓝工程，帮扶结对"师傅代表发言

尊敬的各位领导、亲爱的老师们：

大家好！很荣幸能在这个特别的日子里，作为青蓝工程的师傅代表发言。

"新竹高于旧竹枝，全凭老干为扶持。"首先，我要感谢学校领导为我们搭建了这样一个意义非凡的平台，让我们有机会将自

己的教学经验和心得传授给年轻教师，同时也能从他们身上汲取新的活力和创意，这正应了韩愈所说："弟子不必不如师，师不必贤于弟子，闻道有先后，术业有专攻"。

作为指导老师，我们肩负着重要的责任。我们要以身作则，以严谨的教学态度、扎实的专业知识和丰富的教学经验，为年轻教师树立榜样，就像孔子那般"其身正，不令而行；其身不正，虽令不从"。在教学过程中，我们要耐心指导，毫无保留地分享自己的教学方法、技巧和策略。从备课、授课到课后辅导，从教学目标的设定到教学评价的实施，我们都要给予细致的指导和建议，因为"教育者，非为已往，非为现在，而专为将来"。

我们要关注青年教师的成长和发展，及时发现他们在教学中存在的问题，并给予建设性的反馈；鼓励大家勇于尝试新的教学方法和手段，激发大家的创新思维，毕竟"学贵得师，亦贵得友"。同时，我们也要求年轻老师们积极参与各种教学研讨活动，不断提升教学水平。

师徒结对不仅仅是一种形式，更是一种传承和发展。我们要珍惜这个机会，相互学习，共同进步。青年教师们，你们有着无限的潜力和创造力，相信在我们的共同努力下，你们一定能够迅速成长为优秀的教师。我们坚信：水本无华，相荡而成涟漪，石本无火，相击乃成灵光。

最后，我想对你们说，教学之路漫长而充满挑战，但只要我们怀揣着对教育事业的热爱和执着，不断学习，勇于探索，就一定能够在这条道路上走得更远、飞得更高。

谢谢大家！

要学好英语必须重视课文学习

无论什么学科或专业，首先要对那门学科、那门专业有极大的兴趣和爱好。有兴趣才有动力。这种动力将会促使你去钻研它，去克服甚至去战胜学习过程中遇到的种种困难，去发现、去归纳那门学科的一般规律和特殊规律，去掌握它的重点和难点，对它运用自如，从而达到为人民服务的目的。而且还需持之以恒，注意改进学习方法。通过长期的学习和实践操练、总结和提高，经过一段时间，你肯定会尝到甜头。

学英语更是如此。那么兴趣爱好从哪里来呢？这就要谈到我们为什么要学英语。大家都知道，作为当今世界的交际工具，英语用得最广泛，全世界两百多个国家和地区，把英语作为官方语言的有近六十个国家，联合国已把英语定为重要的国际语言之一。国际上的公文、书信、会议记录、发言稿和各种资料及各种信息都少不了英语。随着我国国际地位的提高和四化建设的深入开展，各种电信器材、电视、电脑的普遍运用都少不了英语。各种医药介绍和国防交通，特别是旅游业，接待外国客人都少不了要用英语。我们要为振兴中华、为搞好四化建设学英语。一句话，就是为革命和建设学英语。这就是兴趣爱好的来源。既然英语如此关键如此重要，我们就要把它同其他学科一样看待，一样努力去学习，而且力求学得更好。

关于怎样才能学好英语，这是道难题，几句话是回答不了的。至于要学好英语有什么诀窍，那就靠各自去探索了。我教了三十余年英语，直到现在依旧还没有找到什么"学好英语的诀窍"。我在长期的教学实践中，有个体会：要学好英语这门学科，首先得重视教科书中课文的学习。为什么这样说呢？这是因为课文是单词、短语、句型和习惯用语的集中体现。英语是语言交际工具，不外乎是世界语言之一。既然是语言就必须通过句子体现出来，不管是长句或短句，不管是单词还是复句，不管是陈述句还是疑问句，也不管是感叹句还是祈使句，总而言之，都是句子，即使是简略句，也只是省略了句中的某个或是几个句子成分而已。只有句子才能表达一定的语意，一定的思想。这种感情单凭词组、短语是表达不了的，至于单词更是无法表达。

这样看来，学习课文的重要性就在于此。当然，所谓课文自然包括对话在内，对话也是课文内容的另一种表达。为什么要重视课文学习？这是因为任何一篇课文（对话）不管长短，精华内容都在其中。好的词组，好的短语，代表性的句型，甚至习惯用语都在课文（对话）中。因此，学习的重点要放在对话与课文中。学习课文（对话），一是课堂上认真听老师讲解，课后要多读、多看、多记、多练。当然，一篇课文（一段对话）那么长，从头至尾全部背下来是有难度的。何况一个学期几十课，初中阶段几百课，高中阶段几百课，你再聪明，记忆力再强都背不下来，老实说，也无必要。再说，除英语一科外，还有语文、数学、物理、化学、政治、历史、生物等十几科。怎么办呢？学习课文（对话），重在取其精华部分。也就是说，只需把课文（对话）中好的词组、好的句型和好的习惯表达方法记下来，并能举一反三，学会灵活运用就行了。而当今中学生学英语不足之处在于：一是心里害怕，认为难读、难记、难用，因而产生畏难情绪，由不感兴趣到干脆放弃；二是方法上抓不到重点，以为只需把教科书后面的几页单词背下或多听几盒磁带就可把英语学好，这也是办不到的。因为人的记忆力也是不进则退的，为保护大脑，脑子里有个自然遗忘规律。有很多单词、词组甚至短语，尽管你花很大精力去背去记，结果，今天记得明天又忘了。即使你尽一切努力记得很多单词、词组和短语，还是学不好英语，不能表达一个完整的意思，只有句子才能表达一个完整的意思，而句子又都在课文（对话）里。一句话，"抓到芝麻放掉了西瓜"，事倍功半，收效甚微，原因就在这里。比方说，建造一幢高楼，单有几块砖垒在一起还是建不成房子，必须要有钢筋、水泥和柱子、方梁结构才能建成高大漂亮的大楼。这里说的并不是不要记单词、词组和短语，更不是反对大家记单词，问题是要通过课文（对话）来记。那样才能记得牢，记得久，并且能初步运用课文（对话）中的句子，包括单词、短语，还有句型变换、各种时态和情感。特别是我们中国人学英语，并非处于那种使用英语的语言环境，学习起来就更困难。英语除一般规律外，还有特殊规律，还有不少例外的现象。词形变化、词组搭配不同，意思各异，还有各种复合句的问题使用又各不相同。总之，这些变化多端的语言现象，初学者都是不容易在短时间内掌握的。所以说，要学好英语必须重视课文（对话）的学习，就是这个道理。

要说学好英语有什么诀窍，我认为这就是诀窍，同学们不妨试试看吧！

在英语教学中渗透心理教育

心理健康教育是根据学生的身心发展的特点和规律，运用心理科学理论、技术，有目的、有计划、有步骤地通过多种形式和途径，培养学生良好的心理品质和健全人格，促进学生的全面发展、全面提高的教学活动。目前，学校要进行心理教育，应以课堂教学为主，充分发挥学科教学的心理教育功能，充分调动教师和学生共同参与心理教育的积极性，在学科教学中渗透心理教育。

一、在教学目标中增加心理品质培养的内容

在教学中，教师要把心理教育列入教学目标之中，无论是文科教师，还是理科教师都不能忽视对学生心理品质的培养。实质上，在人的全面发展中，心理素质具有核心的地位和作用，心理素质是德、智、体、美、劳的基础，因而心理教育目标应与知识目标、技能目标、思想教育目标一样，成为教育目标不可缺少的一部分。教学中是有比较明显的心理教育因素的，可在课时教学中注明；有的教学内容不便注明的，可在教学中随机渗透进去。如：在英语教学中，对话教学要求学生自编对话，培养学生的创造性；在长篇阅读课中，培养学生克服困难的意志品质，鼓励学

生知难而上；在词汇教学中，要求学生要持之以恒，和遗忘作斗争。

由此可见，在制定一学期或一学年教学计划时，要有明确的心理教育目标和心理品质培养的内容。

二、在教学内容上落实心理教育

各学科教材中有许多内容是进行心理素质教育的好素材。如英语教材中有不少介绍优秀人物的课文，可使学生模仿学习其良好的心理品质。例如：通过学习高二英语（讲残疾人的主题）一课后，首先要让学生对残疾人有正确的认识，不要看不起残疾人，历史上为人类作出成就的残疾人不胜枚举。贝多芬在失去听力的情况下，仍然继续写出了著名的音乐作品。其次要培养学生助残为乐的思想品德，帮助残疾人树立自强、自立、平等的精神。高二英语教材中，在讲急救知识这课时，教育学生在遇到任何问题时，要保持心理镇定、头脑清楚，才能采取措施和找到处理办法，提高自己的心理素质。只有教师深入挖掘教材，善于发现，才能在教学内容上落实心理教育。

三、在教学方法上创设良好的心理氛围

在英语教学中，教师要根据学生的不同情况，采用不同的教学方法，让各层次学生的心理都得到最大限度的发展。心理学家告诉我们：人的自信来自成功，一生成功的次数越多，自信心就越强。因此，教师要给每个学生成功的机会。对学优生，课堂提问和布置作业，可出难度较大的问题，提出较高要求，力争使他们的智力得到充分挖掘；对学困生，则可提出难度较小的问题，也让他们体验到成功的喜悦。所以，教师要根据学生的心理特点尽量避免使用非鼓励性的评价方式。对学生的进步，哪怕是极其

微小的进步，教师应加以肯定和鼓励。当学生回答问题出现错误时，不应急于批评，首先要肯定学生敢于发言的积极性，再赞扬发言中成功的部分，然后心平气和地纠正错误。如果学生感到这次发言是成功的或者基本成功，那么他下次发言就有了信心，这样就调动了学生学习的积极性。

总之，在教学中，教师要注重心理素质培养的内容，要创设良好的心理氛围，要落实心理教育，要时刻注意学生的心理状态，要让学生始终处于学习的最佳状态和良好的心理状态。只有这样，学生的学习积极性才会调动起来，学生的素质就会得到全面提高。

不妨上一点技巧

当了四十年乡村教师的父亲退休后,整天无所事事,一会儿进门,一会儿出门,显得异常焦躁。

"读点书吧,会让你骚动的心平静下来。"我信手扔给他一本《流年运程》。

父亲一辈子好给人相个面,尤其是孩子。"三岁看到老。"哪个有出息,你还别说,特准的。

哪承想,渐渐地"走火入魔"了,逮到人就要给人推算流年运程,死缠烂打,甚是烦人。

"那就跟班吧,千万不要吓着我的学生。"父亲真听话,像一个守纪律的学生进了教室,我把这位"大师"介绍给了学生。

父亲一生最大的财富正是有学生缘。学生们一下课就蜂拥出教室,欢天喜地玩游戏,父亲也不甘落后,一头扎进孩子堆,摆起龙门阵来,语文那东西,数学那家伙……甚至于搬出了尘封已久的自制道具,摆弄得头头是道。学生们从没见过那些玩意儿,兴趣比天高,尤其是课外活动,父亲成了学生们的编外辅导老师。

三个月很快过去了。母亲一个人在老家甚是寂寞,捎口信来让父亲回去陪她。我问父亲哪些学生最有出息,他想都没想,写了十来个名字,都是平时最最调皮捣蛋的"小顽童",成绩属倒着数的那一类。我把名单给所有任课老师看:"'大师'认为,他们是我们班最有出息的学生,你们帮我做个见证,看他到底有没有眼力见。"说完就锁进了抽屉。

三年很快过去,一考见真章,班上的十个"尾巴"都上了重点高中,全年级排名也位列前茅。"'大师'看得真准!"老师们纷纷说。

这些小宝贝是如何脱胎换骨的?连我这个班主任也刨不出根问不出底来。难怪任课老师也小眼瞪大眼,面面相觑。

夜不能寐的时候,三年来的点点滴滴涌入脑海……

"'大跳虾'又多事了,拿拖把当杠杆,说要把地球撬起来,拖把弄断了两根。"快嘴凤凤跑到办公室向我投诉。

要是以往,我会立马起身赶往现场,当着所有人的面训斥他一顿。

"帮我递个话——你小子真会异想天开,我喜欢!"我淡淡地笑了笑,轻描淡写道,凤凤翘嘴离去。

"老师,'博士'和数学老师顶嘴,噎得老师下不来台,您快去劝劝。"学霸东升屁颠屁颠跑来报信。"孩子的思路与你的不同,这是散发性思维的功劳呀,要多鼓励才是。"要是过去,我会诱导学生尊师重道,让老师先散火气,这回,我和邓老师勾肩搭背回了办公室。他中途接班,不知就里却给"博士"投以赞许的目光。

"你们班上的'螃蟹'又惹是生非了——在阅览室与师姐争座位。"政教主任打电话给我。"别凶他,我的崽崽不会多事。"

要是以前，我会把他骂得狗血淋头。了解情况后，"位置是给人坐的，不是用来放包袱的，虽然你先去，你是大姐姐，凡事多让着小弟弟！"我不痛不痒道。很明显，我又护犊子了。

同事们都说，我对班上"拖油瓶"的态度改变了好多，他们哪里晓得，我最有出息的学生，哪容得他们受半点委屈。

自父亲来过之后，我的育人心态于不知不觉中改变了好多，孩子们称我为"周妈妈"实至名归。

仔细想想，是父亲给我上了一堂大课。"亲其师才信其道"，孩子们都是夸大的。这理，个个都懂。在气头上，火气上来的时候，往往"义"无反顾，不计后果，很多时候，出发点是好的，为学生好，结果事与愿违。

父亲用行动告诉我：淘气的学生往往有出息，正因为他们毛病多，更不应该受到歧视。他们的自尊心比一般的孩子都强，心理反而更加脆弱，方法用得不恰当，很可能把他们推下斜坡，至而"破罐子破摔"，不仅会毁了孩子的一生，甚至会破灭两个家庭的希望。

"他们是最有出息的学生！"这是一方亮色，擦亮了所有任课老师的眼睛，当然也包括班主任。爱学生，就要包容学生，爱学生，就要连同缺点一起接纳。聪明的老师都是上乘的涂料，能不断地涂去学生身上的污点，还学生一个新鲜亮丽的原形，一如跃出海平面的太阳。

与其说是父亲改变了我，不如说是学生改变了我，或是自己改变了自己。所有这些，只需用一点技巧。

如何通过团队活动进行德育教育

组织团队活动进行德育教育，是学校德育教育的重要途径。在初级中学中，少先队、共青团、学生会是学生的集体组织。它们是广大青少年学生向往加入的学生团体，是学生参与集体活动的舞台。同学们都以能够加入自己的组织为荣，认为这是老师、同学对自己的信任，对自己各方面表现良好、突出的肯定，在同学们的心目中，能够加入这些集体组织是一种很高的荣誉。怎样充分利用好这几块阵地，用丰富多彩的活动来充实学生，正确地引导学生，做好学生的德育工作，这是我们每一个教育工作者都应该认真思考的问题。

下面就简单地谈一谈我校的一些做法。

一、通过组织共青团活动进行德育教育

中国共产主义青年团是中国共产党领导的先进青年的群团组织。它要求用共产主义精神教育青年，通过团员的先进性来团结、教育广大的青年学生，而共青团的团结、教育作用主要是通过组织多种形式的活动来体现的。

（一）利用发展新团员、鼓励学生入团进行教育

我校团组织在发展青年学生入团时，坚持按照团员的标准来

执行，采取上团课的形式来介绍团的性质、任务，发展团员的程序，团的纲领，团员必须履行的义务及团员的权利，等等。鼓励青年学生在争取入团时以自己的实际行动接受团组织的考查，如：在学习上争取提高成绩，有进步；在行为习惯上严格要求自己，做他人表率，人人争做学雷锋标兵；等等。要求青年学生做好思想上的总结与批评，向团组织汇报自己申请入团以来的思想变化，尽量做到扬其长而避其短，使青年学生在思想认识上有一次质的飞跃。

（二）开展好共青团的组织生活

开展共青团的组织生活，是团员自己教育自己的好方法。我校团组织针对青年学生的特点，开展了形式多样的富有教育意义的活动。如：安排团员与青年学生座谈；团小组组织团日活动，各支部之间争创优秀团支部、团员争当优秀团员；组织成立"爱心行动"小组，对需要帮助的同学、老师及其他需要帮助的人伸出援助之手；发扬中华民族的优良传统，定期到敬老院慰问（包括送慰问品、表演文艺节目等）孤寡老人；组织"环保卫士"小分队等。我校在安排、组织这些活动时，以有利于团员和青年学生品德的健康发展为原则，注意内容和形式的统一。

（三）在活动中教育团员发挥自己的模范带头作用

团员生活在集体之中，生活在同学、老师之中，就需要时时以一个共青团员的标准来严格要求自己，以身作则，做好青年学生的榜样。我校团支部每学期都充分利用团日活动对每个团员进行道德考评，评定每个团员在集体中的表现，建立支部日记进行考评，以此来激励团员充分发挥模范带头作用。"其身正，不令而行。"这就是说只要团员严格要求自己，就能潜移默化地对其他同学起到促进、教育的作用。

（四）建设好团支部进行德育教育

团支部是共青团的基层组织，是率领团员发挥先进作用的司令部，它的作用是不可低估的。因此，只有建设好团支部，才能真正率领团员团结广大青年学生共同努力，共同奋斗。我校严格按照团章要求组织团支部，狠抓支部建设，挑选认真负责的同学担任团支部书记，要求各支部每学期制订详细的活动计划，明确奋斗的目标。校团总支部在县团委的领导下，认真做好团的基础建设工作。只有这样，团支部才能真正达到教育团员、教育青年学生，提高其思想素质的目的。

二、通过学生会活动进行德育教育

学生会是学生自己的群体组织，每个学生都是学生会的会员，学生会的组织分为校学生会和班委会两级。由于学生会所涉及的范围很广，包括每一个同学，因此，组织好学生会活动对学生进行德育教育，具有更广泛的意义。

（一）由校学生会组织同学学习时事政治，阅读相关的书报、杂志，并就社会所关心的热点问题组织同学进行讨论，引导同学们关心国家大事。

（二）组织安排同学参加社会实践活动。如：安排同学们参观养鸡场、针织厂，测定土壤的酸碱性，参观湘南年关暴动指挥部旧址纪念馆，进行法制宣传等活动，培养学生参与社会活动的意识。

（三）组织同学参加社会公益活动。如：每年植树节参加义务植树活动，义务整治街道卫生，参加敬老节、学雷锋活动日的慰问活动，宣传环境保护知识等。以此来培养学生全心全意为人民服务的精神和热爱劳动的品德。

（四）校学生会组织检查同学们执行《中学生守则》和《中学生日常行为规范》的情况，严格做好常规管理工作，督促学生遵纪守法，维护学校的校风校纪。

（五）组织好同学们的学习活动，开展各种积极健康的文艺活动，以此来丰富同学们的知识，开阔视野，提高同学们的学习兴趣和能力，活跃同学们的文化生活，陶冶情操，使学生的身心都能够得到健康的发展。如：我校组织开展"十月颂"诗歌朗诵会，"路在脚下"主题演讲比赛，"党在我心中""环境保护"等各种知识竞赛，"庆国庆""庆元旦"等文艺表演，"五四""12·9"纪念活动，"世界水日""植树节""土地日""勤俭日"等各种活动日的宣传教育活动，艺术节活动、校运动会、游园活动、手拉手互助活动、争做"环保卫士"、争做校风示范校、创建绿色学校……把抽象、空洞的说教寓于丰富的活动之中，从而对学生进行形象、生动、直观的道德教育。

（六）学生会组织同学自觉参加清洁卫生活动。我校学生会做好责任分工，建立健全监督机制，开展评优争先、争夺清洁流动红旗、拾捡废弃物等活动来引导教育全体同学养成爱清洁、讲卫生的好习惯，教育师生热爱劳动，珍惜别人的劳动成果。逐步地由他律到自律，由"别人要我这样做"到"我要这样做"。把建设一个清洁、幽美、舒适的生活环境和学习环境作为自己的需要，树立绿化、净化、美化校园的意识。

（七）充分发挥班委会的作用。要求班委会能够在班主任的领导下做好本班同学的学习、思想、锻炼、环境卫生等各项工作，做好班主任的得力助手，把班集体建设成为一个积极向上、团结友爱的班集体，教育好全班同学。

三、抓好少先队与共青团的衔接、过渡工作

初一的学生刚刚结束小学生活，进入初中学习阶段的学习，他们还是少先队员，怎样引导他们尽快适应中学生活及向团组织靠拢，这其中就有一个过渡衔接的问题，做好这项工作也是做好学生德育工作的重要一环。

为了更好地做好学生的德育工作，我校力争把学生的思想教育落到实处，以德治校。积极通过团队活动这一有效途径，把德育工作做好，使之具有实效性。让学生学会做人，把学生培养成为适应新形势的有理想、有道德、有文化、有纪律的高素质的建设者和创造者。

浅谈教学新目标英语的体会

课改，课改，年年都在改。如何适应课改新潮流，上好课改中的每一堂课，才是我们实施课改的重点、难点。我接触了好几套初中英语教材，几套教材总的宗旨是不变的，就是让学生好学英语，学好英语。我认为其中的新目标英语教材是难度最大的一套。

下面就来谈谈这些年我教授新目标英语的体会。

新目标英语要求我们在教授中要注重课堂上的"热身"，要更新观念，要创设情境，抓紧情境，要突破词汇，要注重成果，要进行语言的实际操练……

一、课堂的"热身"

"万事开头难"，一堂课能否把握好开头，决定这堂课是否成功了一半，这跟一节课的"热身活动"是分不开的，热身活动到位，课堂气氛就特别积极活跃。新目标英语，任务型教学尤其提倡课堂上的"热身"。由于学生一天要上各种不同的课，容易受到其他知识的牵引，精力分散，因此我们就要利用 warming up 把学生引入课堂。

"热身"一般时间较短，10 分钟之内。一段音乐、一首英语歌、一个游戏、一句谚语、几个动作等都可以利用,当然热身活动的内容最好是与本科目、本节课内容相关的。每次比武课上,"热身"活动各有千秋,很多成功的都值得借鉴。

二、要更新观念

传统的教学模式使我们养成了放不开手的习惯,课堂上不敢让学生当小老师试一试。这会使学生认为课堂就是老师的天下,学生不能"越轨",其实,"授人以鱼,不如授人以渔",让学生也掌握一些老师上课的方法,不是有更多的人来钻研教材吗?如教学八年级上册 Unit 2 Section A,就可以把 1a、1b、1c、2a、2b、2c 分别交给几个学生,老师稍做指导即可,学习过程不但新颖,而且记忆深刻,用学生的口吻来介绍某些句型、语法,学生易于接受。自主课堂,让学生自主地学,并不代表每堂课老师都能做"甩手掌柜",毕竟学生的知识和能力是有限的,要讲究适当适度,观念更新了,位置摆正了,课堂就活跃了、轻松了、有效了。

三、要创设情境和抓住情境

新目标英语很注重情境教学,每个单元都有一定的情景对话,我们的语言只有在一定的语言环境中才能运用自如,对于初学者,更是如此。

在一次市教学比武中,有位老师对七年级上册 Unit 6 Do you like broccoli? 这一主题的情境创设得相当好。课堂上,老师准备了各种食物、蔬菜、水果等,先让学生熟悉相关的单词,然后把学生分成几组做沙拉,有蔬菜沙拉、水果沙拉等,品种多样。各小组之间还进行评比。学生通过动手,加深了对这些物品的认识,记住了单词,学会了做各种沙拉。既动手又动脑,学生兴趣高了，学习也分外轻松愉快。

当然，课堂上我们还要善于抓住情境，现身说法，这样又具体又真实，语言运用更实际。

如上八年级上册 Unit 2 What's the matter? 时，为了让学生记住 What's the matter? 这个句型，我先让学生扮演头痛、牙痛、胃痛等，这时，班上有位同学正捂着一只眼睛，我示意让他站起来，然后让大家向他提问 What's the matter? 他竟然用了一句：I have a sore eye. 我当时不禁说了一句：Oh, very good. 表扬他句子用得好，然后让学生继续跟他进行其他对话。

四、要突破词汇

新目标英语词汇量是较大的，有的单元达到 80 个左右。这届学生小学没有开设英语课，师生都有相当大的困难，许多学生都有畏难的情绪。这就需要老师正确地引导他们，让他们快乐地学。教学中，我采用了以下几点方法：

1. 制作单词卡，单词卡可以方便学生记忆和复习。

2. 制作英语小词典，把自己学过的、遇到过的单词，分类记在小词典里，便于系统复习。

3. 购买一本英语词典，便于学习和预习。

4. 坚持常读单词、记单词、听写单词。

5. 进行单词默写，比一比，看谁默写得多、快。

6. 进行单词接龙活动，如：Sunday—Monday—Tuesday…

五、要注重学生成果

学生的记录、短文、日记、图片、手工制作等等都是学生学习成果的体现，我们每堂课注重了学生的成果，肯定了他们的劳动，他们的学习兴趣会因此得到提高。

2003年下学期在湘粤学校举行的县新课改教学比武，城关中学的学生成果的体现就是很成功的例子。

城关中学上的是 Unit 2 Is this your pencil? Section B 部分，学生通过学习，写出各种不同的失物招领、拾物招领，老师把部分的 Lost and found 在黑板上张贴起来，叫学生念出来，看到底是丢失物体还是拾到物体。这样读写结合的过程不正是学生学习成果的体现吗？

六、要进行语言的实际操练

语言是用来交际的，没有交际就失去了目的。现在有的学生单词、句型、课文背得呱呱叫，但让他们进行交流时，就一筹莫展。一个是心理因素，更重要的是缺乏语言的实际操练。怎么进行语言的实际操练呢？可以进行情景对话，画图说话，听说画图，让耳、眼、口、手都动起来。如：What does he look like? 我先对班上一名个高、纤瘦、短头发等等特征的男孩进行描述：He is tall. He is thin. He has short hair. He likes playing basketball. Who is he? 接着让学生猜猜这个人是谁，然后让学生把该同学画下来，自己用语言进行描述。还可以由学生画一位自己熟悉的人，然后用语言进行描述，让同学猜猜是谁，等等。这些方法都可以进行语言的操练，从而达到语言交际的目的。

一位语文老师的教学工作总结

年轻老师就好扎堆,他们忙里偷闲唧唧哇哇挤眉弄眼,惹得我也想凑热闹。挤上前去一看,当真是在瞧稀奇——咀嚼一份《语文教学工作总结》哩,我也掏出手机拍下来。

饭后,与先生聊起这事。他似乎兴趣不浓,甚至有些厌倦。在单位上班的人,年年写总结,例行公事,年轻时的那份冲动那份激情早被岁月磨掉了,哪来的兴致嘛。"你就瞅一眼啰,就当茶余饭后的笑料,也有益于心身健康。"先生拗不过我的"倔犟",立马浏览起来。"好!好!好!!!"他边看边手舞足蹈,拍案叫绝,像一位老小孩,那样兴奋,那样开心。源于此,我将这份总结全文录进了《教学常规手册》,在"专业引领"里交一个差:

一眨眼,又一个学期接近尾声了。蓦然回首,审视一路走来踩出的深深浅浅的脚印,人生百味聚心头。

每一届新生,从小六走来,面临的是衔接的课题,宛若过独木桥,只有晃过去了的,才有更广阔的天地,才大有作为。

在小学,学生们习惯于被老师抱着走背着走,那双脚总不肯下地，他们不愿知晓，自己的人生必须用自己的双脚走才能更长。小学老师的教学，令人想起四五十年前我小的时候，奶奶喂饭，先是自己嚼烂，然后嘴对着嘴喂，还生怕没嚼碎，卡住宝宝的喉管喂下去。其情可颂，其法可叹，于教学，除了悲哀，依旧是悲哀。

语文教学，个人浅见，是非常简单的事情，往往我们老师把简单的事情复杂化。不得不承认，学语文就两个字，一个是读，一个是写，甚是好玩，甚是快乐。

语文老师，最大的成功当告诉学生，你是怎样读课文的，你是怎样写文章的。小时候，我一本字典打天下，不认识的字，一查就全知晓了，其读音，其字义一目了然。生字生词，好像没老师什么事。

我的语文教学，重在颠覆，倒过来称之为"学教"。让学生先学，他们学过之后才教，具体说来，我引导学生读目录。以《春》为例，拿到课题——春，第一步，让学生思考：如果我写春，会选哪些素材，最好罗列提纲。完成这一步后，再走进课文。学生读课文，要解决好课文写什么、怎么写的问题，而将为什么这么写留待课堂上解决。然后，让学生把自己的作文构想与课文进行比对，看哪些地方比作者经营得好，哪些地方比不上。一般说来，肯定不如课文，因为他们大多是作家，是成年人，他们的阅历，他们的文字功夫都远远高于学生。我们常说，不怕不识货，就怕货比货。这一比较，学生们就站在了巨人的肩膀上，视野更开阔，收获更巨大。

语文授课，重点在于构建学教大课堂。学教大课堂不局限于教室，它有更广阔的空间。按我的理解，它是无穷无尽、无边无际的,那就是语文知识生活化,日常生活语文化,这个大课堂,令你也无法丈量。众所周知,所有的作品都来源于生活,但高于生活,是生活的写真,更是生活的升华,其底蕴是生活。以《猫》为例,作者写了三只猫的相同命运——死了。但是,这三只猫在家里的地位却截然不同,与它们的"身份"有千丝万缕的关系。第一只猫是向邻居要来的,首先是看上了眼,经过一番周折才弄到手,有付出,自然珍惜;第二只猫是舅舅送的,娘亲舅大,在现实生活中,第二只猫当属显亲,其位尊无可非议;第三只猫是用人捡回来的,其来历不明,终至没有地位也就在情理之中了,它的悲惨结局也就注定了。聊天一般,与学生侃清楚这些,于课文的学习也就豁然开朗了。

要老师做什么?我常常问自己。小时候,常见母亲带女儿种菜,一般地,只教一回,来年就自己上手了。当老师的,从小学到初中,到大学,字词句篇,每篇课文都不厌其烦地重复同一个套路,说到底,是老师没有新东西,拿不出新东西,与江郎才尽无二。许多人非但不反思自己的教学,而一味地埋怨学生,哀其不幸,怨其不争,不能不说,那是自己没有本事的集中体现。这个学期,我与学生交流得最多的是"我是怎么读文章的",告诉学生自己读文章的心得,与学生一同成长。

我致力经营的,是写,学生写,我也写。每每让学生写的时候,我也奋笔疾书。一般地,我的同题作文写得比学生快。我与学生有个约定,写得又快又好的前三位学生有机会读我的作品。当老师的,你不下水,怎知那条文河的深浅?你不呛几口水,你又如何熟悉水性?我不喜欢评别人的文章时头头是道,自己却拿不出像样点的东西来。再者,让前三位有机会读自己的作品,至少对学生是一个莫大的激励。想偷懒的，为了达到一睹老师的文章为快之目的，也就不甘心懈怠了。

几十年来，我写小说，写散文，写诗歌，临近退休，我专注于古体诗词的创作了。《宜章百景》一书，我入选55首诗词，我见缝插针，于讲授的空闲嗨一首。说来蛮有味的，不仅学生能背我写的诗词，连不少家长也跻身其中，成了我的粉丝。实话实说，这效果我先前没有预计过，于学生，想偷懒都难。

学生怕写作文，无话说，无事写，写不长。学生天天都在说话，都有表情衬托，都有动作配合，可是，在他们的文章里，除了平铺直叙，仍旧是平铺直叙。学生也知道"字不够对话凑"的道理，只是训练不够，于是花大气力做足对话的文章。学生自认为没有生活，如同不是生活中没有美，而是缺少美的发现一样，全班五十个同伴，每天写一个人，一轮下来就快两个月了，间或涌现出一些意料不到的精彩，那就更有写头了。好多时候，老说学生的作文千人一面，怪不得学生，是老师没有提供让学生展示个性的平台，唯其这样的现场作文是没地方"抄"的。于字数，非常广泛，可多可少，可长可短，几十字我认可，三五百字我点赞，要的是天天写，写成习惯，写出爱好。要是一天不写了，有学生告诉你"一天没写，手就发痒，睡不着觉"，这就是最大的成功，就是最大的收获。

必须承认，学教效果，在短期内很难凸显出来。学教是一个循序渐进的过程，当老师的只要授之以渔了，修行到哪一个段位，完全在于学生个人。

做了就有，广种才能博收，与勤劳致富无二。勤劳致富相对于农民，古往今来，没有见过哪位脸朝黄土背朝天的农民真正富可敌国。读书是要讲究技巧的，于学生，当学会"投机取巧"。我是从农村走出来的，深知农活的艰辛。拿挑担说来，再壮实的劳力，一次挑两百七八十斤，属顶尖的劳力了，一旦用上摩托车，那份量则不在话下，至于手扶拖拉机，至于卡车，至于大八轮，效果是一个普通劳动力不可比拟的。聪明的人能借助劳动工具减轻劳动强度，收获更好的效果，读书也是这个道理。适量的作业肯定是需要的，但要讲究方法。我反复强调，翻书不做作业，做作业离开书。好多时候，学生是一边作业本，一边课本，做的题虽然对了，实际上仍没学懂，或者学得不扎实，过几天就忘得一干二净了。靠做大量的作业加深印象的办法太笨，连牛都不如。老话说，牛教过三回就会打左犁了，何况是有聪明大脑的人。举一反三在教学中显得尤为重要，因此，老师的首要职责是领着学生学，引导学生学，教会学生学。教无定法，学无定法，不辛苦，效果好就是大法。适量的作业是对学教的检测、补充和拓展，如种稻田，务必合理密植，讲究单位高产，而不是用十亩田与人家一亩地比产量，如斯，累死也没人喝彩。

活动总是要的，我喜欢出口成章，两个班的学生都在"出口成章"的平台上粉墨登场，晒自己的文章。学生都有极强的表现欲，你追我赶，形成读书的合力，形成读书的活力，如江河之水滚滚向前。我喜欢这样的来势，独立潮头，乐在其中，还美其名曰参加了社会实践活动。

另类了几十年，似乎早忘记了总结那东西，它的程序，它的模式。东拉西扯了半晌，堆砌了一些文字。于己，是写实，算不上经验之谈，是为结。

好久没有夜不能寐了，这一晚心潮澎湃，搅得天翻地覆。好想说点什么，好想写点什么，坐到写字台前的时候，竟然挤不出一个字来。人家都讲得那么清清楚楚明明白白了，任何感想任何文字都显得多余显得苍白。心有不甘之余，我把《语文教学工作总结》传到了班级家长群，期待着领略翻江倒海的壮观……

后 记

　　已经熬至凌晨，很想打磨出与众不同的尾声，这尾声就是拙著《撷英拾萃》的后记。可是，提起笔来竟然思绪万千，一时间又无从下手。这是一卷三十余年的大荟萃。材料虽然早就备好了，建筑的整体构架也还算入流，但不如意者常有：好些方面概括不全，浅尝辄止；加之我的文字功夫尚浅，言不达意之处颇多，不少地方还显得拙劣。但尽管如此，它依然是我对过往学习、研究与教学实践的一次深刻总结，是对众多智慧火花的一次精心采集与剪裁，说是精心装帧也恰如其分。

　　回顾整个编写过程，从最初的选题构思到资料的广泛搜集，从无数次的字斟句酌到最终的定稿杀青，每一步都凝聚着我的心血、汗水与智慧。在这个过程中，我深刻体会到了"撷英拾萃"的不易与乐趣。每一个章节、每一段文字，都是我在浩瀚的知识海洋中精心挑选出的朵朵艳丽之花，它们或闪耀着理论的光芒，或蕴含着实践的智慧，共同结晶出这本书独特的艺术魅力。由于时间紧迫，许多宝贵的资料和见解未能详尽收录；同时，我的文笔有限，难以完全表达出我心中的所思所感。但即便如此，我仍希望这本书能够成为一面镜子，映照出我教学生涯的点点滴滴，同时也为读者诸君提供一些有益的启示和参考。

蓦然回首,我的教学生涯已经走过31个春秋。这31年里,我风尘仆仆、马不停蹄地奔波在教育战线上,从未卸过鞍。

往"山上"走去。作为优秀毕业生的我,以"荣厚"的待遇被分配到了一所偏远的山区学校,这所学校就叫"山上学校"。面对翻越两座山的坎坷路途,我凭借着坚强的毅力,在那里扎下了根。在寂静的校园里,我与孩子们观看星星点灯,在字里行间"捉蚯蚓",咀嚼枯燥的单词,在语境情感里休戚与共,共同成长。忘不了呵,忘不了,无数个白天,我们在卡片里游戏,将简画贴满前额与脊背,嗨疯英国佬的腔调。无数个床板贴背的三更半夜,我守着孤灯,独自熬到公鸡破晓,美其名曰进修学习。

走进梅田。那地方晴天满脸灰,雨天浑身泥,是我与学生"相依为命,教学相长"最久的地方,长达14年哩。在这里,我有一种脱胎换骨的痛快,抑或是破茧而出的蜕变。之前的自学和进修,为我的教学打下了坚实的基础。从1998年开始,我勇敢地承担起了教英语的重任。在那个年代,小学并未开设英语课,到初中才开始接触这门学科。学生们眼里的英语,比稚儿见到陌生的脸面还要惊恐,"yes""no"成了他们最熟练的口头禅。为了带好这些孩子,我不仅要嚼烂每一个单词、每一个句子、每一个段落,以及每一个故事,还要用知识的乳汁填满嗷嗷待哺的渴求之心。幸运的是,学生们十分喜欢我的课堂,渐渐地,我如解牛的庖丁,在英语课堂上条分缕析,游刃有余呢,是那样轻松、那样顺手。在梅田的那些年里,我不放过每一次学习的机会,到老教师身上"舀油",在中年教师心里取经,从同样年轻的老师身上取长补短,积累了丰富的教学经验。

2003年,我来到宜章二中,迎来了新的机遇和挑战。在宜章二中的日子里,我手握新目标英语教材,心中感慨万千。英式英语变成了美式英语,版面、画面、语音等都有了很大的变化。我深知自己必须不断学习、不断进步才能跟上时代的步伐。于是,我更加努力地钻研教材,促使教学方法全面为学习方法服务,不断提升教学水平。这期间我写下了几十篇教学论文、心得体会,有的还获得了省级奖励。这些荣誉不仅是对我工作的肯定,更是对我未来工作的鞭策和激励。我深知过去属于历史,唯有今天才能铺垫未来,收获季一过,又要迈步从头越。

2015年,我的人生又翻开了崭新的篇章。我来到了宜章八中这所名校,踏上了新的教育征程。八中在刘书记的领导和管理下,发生了翻天覆地的变化:校园面貌焕然一新,名师层出不穷。"厚德博学,笃行致远"的校训激励着我不断前行。在这里,我继续担任班主任的工作,无论面对怎样的班级,我都毫无怨言地接受挑战;在这里,我的教育教学教研都上了一个新的台阶,不仅撰写省级论文,还参与省级课题的研究和省级集体备课大赛等活动,天天有感悟,月月有新知,岁岁有成熟。

积累沉淀了几十年,心中有点想法:在快退休时把自己的经历和感受,以及教学中的点点滴滴结集成册出版,以便退休后有个念想,常常"反刍",吸取营养,真正学到老。机会真好,在2024年的夏天,我认识了远近闻名的陈荣华老师。陈老师博古通今、满腹经纶。他像北斗、像灯塔,照亮着我前行的路。陈老师做事雷厉风行,很快着手整理书稿,一气呵成。

这本书的完成,我要感谢身边亲朋好友的鼎力相助,尤其要感谢我的贵人和恩师陈荣华老师。他一直在背后默默支持我、鼓励我、引领我。在我遇到困难和挑战时,他给予我无私的帮助和指导,让我信心满满,不放弃对教育的挚爱和追求。

如今,《撷英拾萃》这部拙著即将面世。虽然它并不完美,但我依然希望这个"新生儿"能够成为我教学生涯的一个重要标杆,见证我的成长与进步。同时,我也期待他能够为广大读者提供一些有益的启迪和帮助,共同推动教育事业的发展。